授業をグーンと楽しくする英語教材シリーズ44

フォーカス・オン・フォームを取り入れた

英文法指導ワーク & パフォーマンス・テスト

中学3年

佐藤一嘉 編著

明治図書

まえがき

2021年度から中学校で導入される新学習指導要領が2017年３月に公示された。目標として，「外国語によるコミュニケーションにおける見方・考え方を働かせ，外国語による聞くこと，読むこと，話すこと，書くことの言語活動を通して，簡単な情報や考えなどを理解したり表現したり伝え合ったりするコミュニケーションを図る資質・能力」の育成を目指すことが明記された。特に話すことについては，初めて「やり取り」と「発表」の２つの領域が具体的に明記され，聞くこと，読むこと，書くことと合わせて，４技能５領域を一体的に育成することが新たな目標となった。

Savignon (1997) は，コミュニケーションの定義を“Communication is the expression, interpretation, and negotiation of meaning”（p.225）と述べている。つまり，「やり取り」とは，“negotiation of meaning”のことであり，相手との「意味の交渉」である。この点が個人の「発表」の領域と大きく異なる点である。

さらに，文部科学省は，中学校の英語の授業については，基本的に英語で教えることを明記している。文法をコミュニケーションの道具と捉え，４技能５領域を一体的に育成し，指導を評価に結びつけるにはどうしたらよいのだろうか？

本書は，この問いに応えるために企画された。「フォーカス・オン・フォーム」で文法をコミュニカティブに教え，「パフォーマンス・テスト」を評価に入れることで，４技能５領域を一体的に育成することができる。本書の執筆に関わった５名の中学校教師（石飛，大須賀，神崎，福元，森岡）は，名古屋外国語大学主催のワークショップで，アクション・リサーチに取り組み，「フォーカス・オン・フォーム」と「パフォーマンス・テスト」を取り入れた授業実践を継続してきた。その結果，生徒のモチベーションが上がり，学習効果が高まることがわかった。読者は，各教師が作成したワークシートおよび評価表から，「フォーカス・オン・フォーム」と「パフォーマンス・テスト」について学ぶことができる。なお，ワークシートおよび評価表は，ホームページからダウンロードできるので，自由に修正して活用していただきたい。

また，明治図書から先に出版された『フォーカス・オン・フォームでできる！　新しい英文法指導アイデアワーク：中学１年，中学２年，中学３年，高校』および『ワーク＆評価表ですぐに使える！英語授業を変えるパフォーマンス・テスト：中学１年，中学２年，中学３年，高校』もあわせてご活用いただきたい。

2021年度から新学習指導要領が実施となる。本書が新しい英語授業と評価のモデルになるものと確信している。教師が変われば，授業が変わり，生徒が変わる。

2019年11月

名古屋外国語大学教授　佐藤一嘉

Table of Contents

本書の特長と使い方

本書では，タスクを用いた新しい英文法指導ができる「フォーカス・オン・フォーム」と「パフォーマンス・テスト」について，理論編（Part 1）と実践編（Part 2）にわけ，授業ですぐに役立つ形でご紹介しています！

1．本書の特長

本書には，以下の6つの特長があります。

❶フォーカス・オン・フォームで個々の文法項目をコミュニカティブに教えることができる。
❷教科書で指導する前に英文法を効率的に教えることができるフォーカス・オン・フォームのワークシートを多数紹介。
❸まとめの活動やパフォーマンス・テスト（speaking and writing test）として使用できる Review のタスクを収録。
❹各学期（1，2回実施することが望ましい）使えるパフォーマンス・テストは，事前に示すとモチベーションが上がる評価基準表つき。
❺コミュニカティブな授業とパフォーマンス・テストの評価で，授業と評価の一体化ができる。

2．本書の使い方

Part 1では，フォーカス・オン・フォームとパフォーマンス・テストの考え方（理論）を，Part 2では，タスクを用いたフォーカス・オン・フォームの英文法のアイデアやワークシートの他，パフォーマンス・テストを紹介しています。

＊【Work Sheet ページ】のデータは以下の URL からダウンロードできます。
URL　http://www3.nufs.ac.jp/~yoshi/index.html
ユーザー名　formandperformance
パスワード　sato3

❶フォーカス・オン・フォームの英文法アイデア＆ワークシート

【Task ページ】タスクの進め方，ワンポイント・アドバイス

【Work Sheet ページ】ワークシート，カードなど

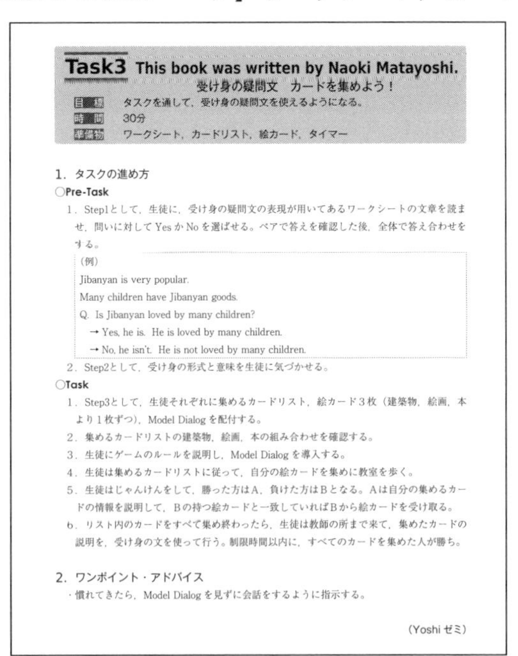

Task3 This book was written by Naoki Matayoshi.
受け身の疑問文　カードを集めよう！

目標　タスクを通して，受け身の疑問文を使えるようになる。
時間　30分
準備物　ワークシート，カードリスト，絵カード，タイマー

1．タスクの進め方

〇Pre-Task

1．Step1として，生徒に，受け身の疑問文の表現が用いてあるワークシートの文章を読ませ，問いに対して Yes か No を選ばせる。ペアで答えを確認した後，全体で答え合わせをする。

（例）
Jibanyan is very popular.
Many children have Jibanyan goods.
Q. Is Jibanyan loved by many children?
→ Yes, he is. He is loved by many children.
→ No, he isn't. He is not loved by many children.

2．Step2として，受け身の形式と意味を生徒に気づかせる。

〇Task

1．Step3として，生徒それぞれに集めるカードリスト，絵カード３枚（建築物，絵画，本より１枚ずつ），Model Dialog を配付する。
2．集めるカードリストの建築物，絵画，本の組み合わせを確認する。
3．生徒にゲームのルールを説明し，Model Dialog を導入する。
4．生徒は集めるカードリストに従って，自分の絵カードを集めに教室を歩く。
5．生徒はじゃんけんをして，勝った方はA，負けた方はBとなる。Aは自分の集めるカードの情報を説明して，Bの持つ絵カードと一致していればBから絵カードを受け取る。
6．リスト内のカードをすべて集め終わったら，生徒は教師の所まで来て，集めたカードの説明を，受け身の文を使って行う。制限時間以内に，すべてのカードを集めた人が勝ち。

2．ワンポイント・アドバイス

・慣れてきたら，Model Dialog を見ずに会話をするように指示する。

（Yoshi ゼミ）

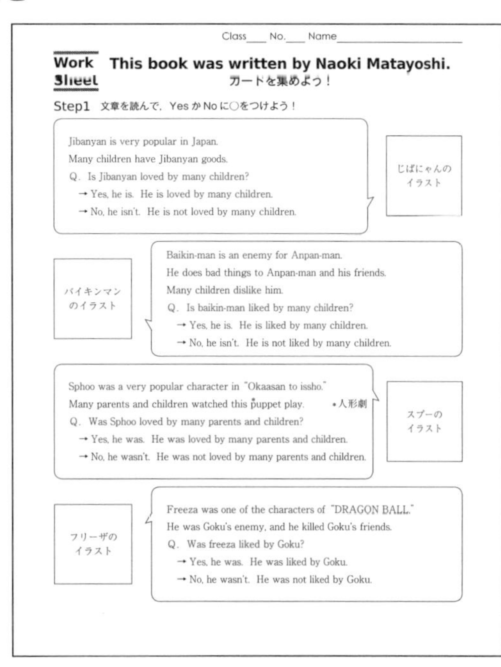

Class___ No.___ Name________

Work Sheet　This book was written by Naoki Matayoshi.
カードを集めよう！

Step1　文章を読んで，Yes か No に〇をつけよう！

Jibanyan is very popular in Japan.
Many children have Jibanyan goods.
Q. Is Jibanyan loved by many children?
→ Yes, he is. He is loved by many children.
→ No, he isn't. He is not loved by many children.

じばにゃんのイラスト

バイキンマンのイラスト

Baikin-man is an enemy for Anpan-man.
He does bad things to Anpan-man and his friends.
Many children dislike him.
Q. Is baikin-man liked by many children?
→ Yes, he is. He is liked by many children.
→ No, he isn't. He is not liked by many children.

Sphoo was a very popular character in "Okaasan to issho."
Many parents and children watched this puppet play.　＊人形劇
Q. Was Sphoo loved by many parents and children?
→ Yes, he was. He was loved by many parents and children.
→ No, he wasn't. He was not loved by many parents and children.

スプーのイラスト

フリーザのイラスト

Freeza was one of the characters of "DRAGON BALL."
He was Goku's enemy, and he killed Goku's friends.
Q. Was freeza liked by Goku?
→ Yes, he was. He was liked by Goku.
→ No, he wasn't. He was not liked by Goku.

❷パフォーマンス・テスト（Review）

【Task ページ】タスクの進め方，ワンポイント・アドバイス

【Work Sheet ページ】Speaking test，Fun Essay，評価表など

Task1 Let's try "Show and Tell"!（Review）
be going to, 一般動詞, 比較級, 不定詞の復習①　憧れている国について話そう！

目標　２年生までに習った基本文を用い，「憧れている国」について絵や資料等を使ってスピーチができるようになる。
時間　50分×２
準備物　ワークシート，絵，写真，資料，評価表１・２，タイマー

1．タスクの進め方

〇Pre-task

1．教師と ALT の "Show and Tell" を聞いて，ワークシートの Step1に要点をメモする。終了後，内容について確認する。
2．Step2の「準備」と「発表」についてのポイントを確認する。２人の先生の原稿をよく読み，原稿作成の手順を知る。話したい国と使う資料を決め，先生の原稿を参考にしながら自分の "Show and Tell" の原稿を作成する。原稿は教師がチェックする。
3．Speaking test（発表）と Writing test を行うことを伝え，評価表の説明をする。

〇Task

1．Step3の質問の例を紹介する。
2．ALT の先生に紹介する前に，４人グループ（A，B，C，D）で練習をする。
友達の発表後，内容について１つは質問する。まずAがBに紹介しBが質問する。CとDは２人のパフォーマンスを観察し，その内容についてメモをとる。次にBとCが同様に行う。AとDは聞きメモをとる。その次はCとDが会話し，最後にDとAが会話をする。それぞれについて紹介と質問のチャンスを２回もつ。グループを変えて，２，３回練習をする。

2．ワンポイント・アドバイス

・実際の Speaking test は次時になるので，グループで発表の練習を十分やっておくことが必要である。
・Speaking test の順番は当日くじで決める。
・Speaking test は他の生徒も聞ける場所で行い，他の生徒が友達の Speaking test を聞き，次回の Speaking test の時「友達のよいところ」を取り入れられるように，発表形式を工夫するとよい。

（大須賀博美）

Class___ No.___ Name________

Work Sheet　Let's try "Show and Tell"!
憧れている国について話そう！

Step1　先生たちの "Show and Tell" を聞いて，わかったことをメモしよう！

	１（　　　　）先生	２（　　　　）先生
① 資料		
② 国名		
③ どんな国		

Step2　先生の発表を参考にして，〈準備〉の項目に注意し，あなたの "Show and Tell" の原稿を作成しよう！

〈準備〉① 雑誌や資料集から自分が憧れている国や興味関心のある国の写真などを選ぶ。
② 写真やイラストの説明に，自分の考えや感想を加えて，まとまり感が出るように話を組み立てる。
③ 何度も練習をする。

〈発表〉① 大きな声で，ゆっくり，はっきりと話す。
② ALT の先生や友達の質問に答える。

絵などの資料

Part 1

授業を変える！
フォーカス・オン・フォーム
&パフォーマンス・テスト
の極意

文法指導と評価の一体化について

佐藤一嘉

1. はじめに

2021年に中学校で導入される新学習指導要領のねらいはどこにあるのだろう。なぜ,「話すこと」が「やり取り」と「発表」の２つの領域にわけられたのだろう。まえがきで述べたように, コミュニケーションとは,「表現, 解釈, 意味の交渉」である（草野, 佐藤, 田中, 2016)。Savignon (1997) は, さらに, コミュニケーション能力について, 次のように説明している。

> Communicative competence is a *dynamic* rather than a static concept. It depends on the negotiation of meaning between two or more people who share to some degree the same symbolic system. In this sense, then, communicative competence can be said to be an *interpersonal* rather than an *intrapersonal* trait. (p.14, italics original)

つまり, コミュニケーション能力とは, 静的な概念ではなく, 動的なものであり, 複数の人たちの間で行われる意味の交渉によって決まる。したがって, コミュニケーション能力は個人のものというよりは, 対人関係に基づくという特徴を持つ（草野, 佐藤, 田中, 2016)。この点が, 個人の「発表」の領域と大きく異なる。しかしながら, これまで中学校, 高校の英語の授業では, show and tell や public speech など個人の「発表」が重視され, 生徒同士の「やり取り」は軽視されてきた。コミュニケーション能力は,「暗記」ではなく, 生徒同士がコミュニケーション活動を通して実際に「やり取り」をすることによってのみ, 育成されることを考えると（Sato & Takahashi, 2008; Savignon, 1972, 1997),「やり取り」がもっと重視されるべきである。それでは, 授業で「やり取り」と「発表」をどのように指導したらいいのだろうか？

2.「やり取り」から「発表」へ

ここでモデルとなるのが, Willis（1996）が提唱している Task-Based Language Teaching（TBLT）の framework である。TBLT（タスクに基づく外国語指導）とは, 学習者のコミュニケーション能力の伸長を目的とする CLT（Communicative Language Teaching）を具体化した指導法の１つである。Brown（2007）は, 次のように述べている。"One of the most prominent perspectives within the CLT framework is Task-Based Language Teaching (TBLT) ... TBLT is at the very heart of CLT" (p. 50). Willis

(1996）は，TBLT の framework を以下のように３段階で示している。

(1) Pre-task:
トピックの導入，
語彙や表現の導入（インプット），
タスクの目的とやり方の明示

(2) Task cycle:
ペアやグループでタスク活動（アウトプット），活動の内容をまとめ，クラスにレポート（発表）

(3) Language focus:
語彙や表現の練習（ドリル），
教師のフィードバック

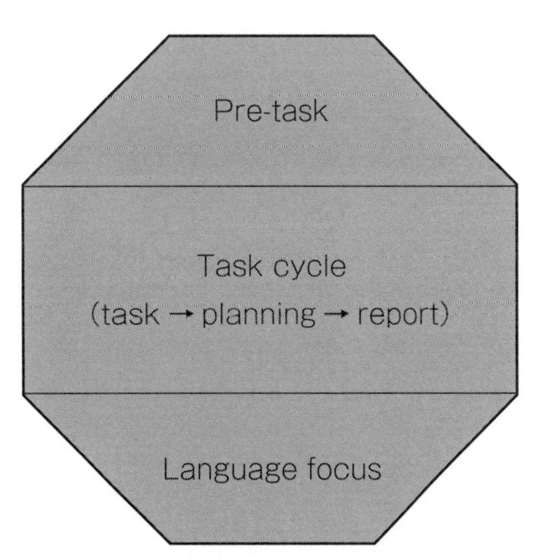

図１: TBLT framework（Willis, 1996）

つまり，タスク（コミュニケーション活動）の後で，個人の発表へつなげればよい。例えば，“My best memory about my trip” がトピックであれば，“What is your best memory about your trip?” “When did you go there?” “What did you do?” “How many times have you been there?” などをペアで質問させ，ペアを変えて，３，４回くり返す。その後，発表の準備として（planning），絵や写真を使ってエッセーを書かせ（Fun Essay），グループで１人ずつ発表させればよい。大切な点は，ペアを変えて，生徒同士のコミュニケーション（やり取り）の時間を十分確保することである。くり返すことで，だんだん慣れ，またペアを変えることで，英語が苦手な生徒も得意な生徒に助けられて会話が続くようになる。その後，発表の準備として書かせることで，正確さにも注意をさせることができる。この場合，もし十分な時間がなければ，発表をカットすることもできる。つまり，すべてのタスクについて，発表までやる必要はない。

3. インプット重視の文法指導―「フォーカス・オン・フォーム」

半世紀におよぶ第２言語習得研究の結果，伝統的な文法指導は効果がないことが明らかになっている。Ellis（2006）は，“a traditional approach to teaching grammar based on explicit explanations and drill-like practice is unlikely to result in the acquisition of the implicit knowledge needed for fluent and accurate communication”（p.102）と述べている。Lee & VanPattern（2003）によると，図２から明らかなように，文法説明とドリル中心の伝統的な文法指導は，十分な input がないため，学習者が新しい文法項目を自

身の第２言語のシステム（developing system）として構築することができない，と指摘している。したがって，いくらoutput-based instruction（ドリルやパターン・プラクティス）を与えても文法項目が定着しないわけである。

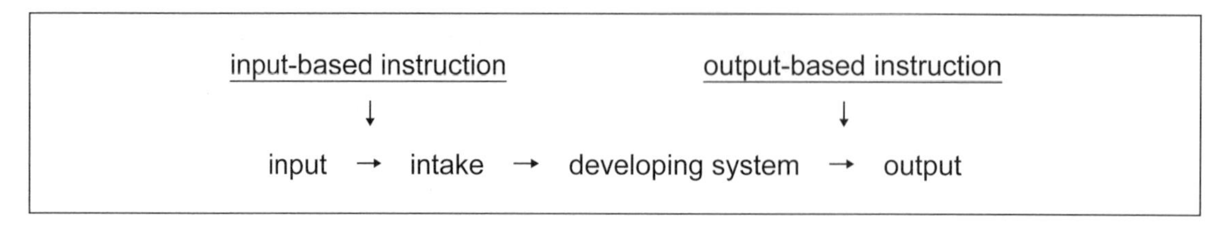

図２：第２言語習得のモデル（Lee & VanPatten, 2003を参照）

これに対して，Ellis（2006）およびLee & VanPatten（2003）は，文法項目に焦点を当てたinput-based instructionを与えることにより，学習者が文法項目に気づき（noticing），言語形式と意味を結合させ（form-meaning connections），developing system（第２言語のシステム）を構築することができると主張している。その後で学習者は，output-based instructionを通して，コミュニケーションに必要な文法項目にアクセスすることにより，アクセスのスピードが速くなり，fluency（流暢さ）やaccuracy（正確さ）を伸ばすことができる，と説明している。

要約すると，ドリルを中心とした伝統的な文法指導は意味のあるinputが欠如しているため，学習者が文法項目をシステムとして定着することができない。それに対して，「フォーカス・オン・フォーム」は，⑴input⑵noticing⑶outputの言語習得理論の流れに基づいているため，学習者が効果的に学ぶことができる。

4.「フォーカス・オン・フォーム」から「パフォーマンス・テスト」へ

それでは，コミュニカティブな文法指導である「フォーカス・オン・フォーム」をどのように評価すればいいのであろう。答えは，コミュニケーション能力を測る「パフォーマンス・テスト」を実施することである。文部科学省も，2013年３月，「各中・高等学校の外国語教育における『CAN-DOリスト』の形での学習到達目標設定のための手引き」を発表し，コミュニケーション能力を測定するため，「多肢選択形式等の筆記テストのみならず，面接，エッセー，スピーチ等のパフォーマンス評価」を実施することを提唱している。

Ellis（2006）は，「フォーカス・オン・フォーム」をplanned focus on form（特定の文法項目にフォーカスするタスク）とincidental focus on form（特定の文法項目にフォーカスせず，学習した文法の復習のため，トピックについて自己表現をさせ，その後，教師がcommon errorsについてフィードバックするタスク）の２種類にわけている。そして，planned focus on formだけでなくincidental focus on formの両方のタスクを使用することを勧めている。つまり，通常は，planned focus on formで特定の文法項目を指導し，１つか２つのunitが終わったら，復習を兼ねてトピックにフォーカスしたincidental focus on formを使えばよい。これによって，生徒は学習した文法項目を自己表現のためにリサイクルすることができ，言語習得を促進することができる。さらに，Lee & VanPatten (2003) は，incidental focus on formのタスクをそのまま「パフォーマンス・テスト」（スピーキング・テストやライティング）として使用することを勧めている。生徒は，授業でやったincidental focus on formがスピーキング・テストにつながることを知れば，モチベーションが上がり，熱心に取り組む（washback effect：波及効果）。これが，文部科学省が提唱する「授業と評価の一体化」である。Sato, Fukumoto, Ishitobi, & Morioka (2012) は，３名の中学校教師が「フォーカス・オン・フォーム」に取り組んだ結果を報告している。その中で，森岡は，plannedとincidental focus on formの両方のタスクを使用し，incidental focus on formを「パフォーマンス・テスト」として年５回（１学期２回，２学期２回，３学期１回）実施した結果，生徒のモチベーションが上がり，伝統的な文法指導よりも生徒の学習効果があったことを明らかにしている。

【参考文献】

Brown, H. D. (2007). *Teaching by principles: An interactive approach to language pedagogy* (3rd ed.). New York: Pearson Education, Inc.

Ellis, R. (2006). Current issues in the teaching of grammar: An SLA perspective. *TESOL Quarterly, 40,* 83-107.

Lee, J. F., & VanPatten, B. (2003). *Making communicative language teaching happen* (2nd ed.). New York: McGraw-Hill Companies, Inc.

Sato, K., Fukumoto, Y., Ishitobi, N. , & Morioka, T. (2012). Focus-on-form instruction and student learning in Japanese junior high schools. In A . Stewart & N. Sonda (Eds.), *JALT2011 Conference Proceedings* (pp. 282-303). Tokyo: JALT.

Sato, K., & Takahashi, K. (2008). Curriculum revitalization in a Japanese high school through teacher collaboration. In D. Hayes & J. Sharkey (Eds.), *Revitalizing a program for school-age learners through curricular innovation* (pp. 205-237). Alexandria, VA: TESOL.

Savignon, S. J. (1972). *Communicative competence: An experiment in foreign language teaching.* Philadelphia, PA: Center for Curriculum Development.

Savignon, S. J. (1997). *Communicative competence: Theory and classroom practice* (2nd ed.). New York: The McGraw-Hill Companies, Inc.

Willis, J. (1996). *A framework for task-based learning.* Harlow: Longman.

草野，佐藤，田中 (2016).「コミュニケーション能力：理論と実践」（増補新版）(Savignon, 1997, Communicative competence: Theory and classroom practice の翻訳）法政大学出版局

Part 2

フォーカス・オン・フォーム&パフォーマンス・テストアイデア

Task1 Let's try "Show and Tell"!（Review）

be going to, 一般動詞, 比較級, 不定詞の復習① 憧れている国について話そう！

目 標 ２年生までに習った基本文を用い,「憧れている国」について絵や資料等を使ってスピーチができるようになる。

時 間 50分×２

準備物 ワークシート, 絵, 写真, 資料, 評価表１・２, タイマー

1. タスクの進め方

○Pre-task

1. 教師とALTの "Show and Tell" を聞いて, ワークシートのStep1に要点をメモする。終了後, 内容について確認する。
2. Step2の「準備」と「発表」についてのポイントを確認する。２人の先生の原稿をよく読み, 原稿作成の手順を知る。話したい国と使う資料を決め, 先生の原稿を参考にしながら自分の "Show and Tell" の原稿を作成する。原稿は教師がチェックする。
3. Speaking test（発表）とWriting testを行うことを伝え, 評価表の説明をする。

○Task

1. Step3の質問の例を紹介する。
2. ALTの先生に紹介する前に, ４人グループ（A, B, C, D）で練習をする。
   友達の発表後, 内容について１つは質問する。まずＡがＢに紹介しＢが質問する。ＣとＤは２人のパフォーマンスを観察し, その内容についてメモをとる。次にＢとＣが同様に行う。ＡとＤは聞きメモをとる。その次はＣとＤが会話し, 最後にＤとＡが会話をする。それぞれについて紹介と質問のチャンスを２回もつ。グループを変えて, ２, ３回練習をする。

2. ワンポイント・アドバイス

・実際のSpeaking testは次時になるので, グループで発表の練習を十分やっておくことが必要である。
・Speaking testの順番は当日くじで決める。
・Speaking testは他の生徒も聞ける場所で行い, 他の生徒が友達のSpeaking testを聞き, 次回のSpeaking testの時「友達のよいところ」を取り入れられるように, 発表形式を工夫するとよい。

（大須賀博美）

Class____ No.____ Name________________

Work Sheet

Let's try "Show and Tell"!
憧れている国について話そう！

Step1　先生たちの "Show and Tell" を聞いて，わかったことをメモしよう！

	1（　　　　　）先生	2（　　　　　）先生
①　資料		
②　国名		
③　どんな国		

Step2　先生の発表を参考にして，〈準備〉の項目に注意し，あなたの "Show and Tell" の原稿を作成しよう！

〈準備〉①　雑誌や資料集から自分が憧れている国や興味関心のある国の写真などを選ぶ。
②　写真やイラストの説明に，自分の考えや感想を加えて，まとまり感が出るように話を組み立てる。
③　何度も練習をする。

〈発表〉①　大きな声で，ゆっくり，はっきりと話す。
②　ALT の先生や友達の質問に答える。

絵などの資料

Class____ No.____ Name________________________

＊A先生，B先生の原稿を参考にして，あなたの“Show and Tell”の原稿を作成しよう。

手　順		作文例１（A先生のShow and Tell）
(1) 国を選択	・雑誌やインターネットを使い興味のある国を選ぶ。	Switzerland
(2) 資料準備	・地図帳や写真集を持参 インターネットを利用	picture
(3) 原稿作成	・はじめのことば	Hello, everyone.　I'm Hitomi Tanaka.
		I'm going to talk about Switzerland.
	・国のある場所，位置，面積，人口，有名な場所，有名な建物，有名なもの，有名な人物などの情報を入れて構成する。	Look at this picture.
		Switzerland is in Europe.
		Its area is about forty-one thousand square kilometers.
		Its population is about eight million and four hundred thousand.
		There are many places to see there, such as the Matterhorn and Lake Leman.
	・その国に対する自分の感想や思いも入れる。	I think it's a beautiful country.
		I want to visit there someday.
	・終わりのあいさつ	Thank you.（65語）

手　順		作文例２（B先生のShow and Tell）
(1) 国を選択	・雑誌やインターネットを使い興味のある国を選ぶ。	Australia
(2) 資料準備	・地図帳や写真集を持参 インターネットを利用	picture, map
(3) 原稿作成	・はじめのことば	Hello, everyone.　I'm Oda Keiko.
		I'm going to talk about Australia.
	・国のある場所，位置，面積，人口，有名な場所，有名な建物，有名なもの，有名な人物などの情報を入れて構成する。	Look at the map and pictures.
		It's the southern hemisphere.
		It is in the smallest continent of the seven.
		Its area is 7,692,024 square kilometers.
		Its population is twenty-four million.
		There are a lot of beautiful places to see in Australia, like the Great Barrier Reef and Ayers Rock.
	・その国に対する自分の感想や思いも入れる。	I think it's a very interesting country.
		I want to go there someday.
	・終わりのあいさつ	Thank you.（76語）

Class____ No.____ Name____________________

手　順		あなたのShow and Tell
(1) 国を選択	・雑誌やインターネットを使い興味のある国を選ぶ。	
(2) 資料準備	・地図帳や写真集を持参インターネットを利用	
(3) 原稿作成	・はじめのことば	
	・国のある場所，位置，面積，人口，有名な場所，有名な建物，有名なもの，有名な人物などの情報を入れて構成する。	
	・その国に対する自分の感想や思いも入れる。	
	・終わりのあいさつ	

Class____ No.____ Name____________________

Step3 友達の発表の後，その内容について質問してみよう！

質問の例	答え方の例
(1) What is the capital of (Australia)?	(Melbourne) is.
(2) Are there any famous cities?	Yes, there are. (Sydney, Cairns, Brisbane, and so on.)
(3) Are there any other places to visit there?	Yes, there are. You can visit (Great Barrier Reef in Cairns). / No, there aren't.
(4) Are there any famous people from (Australia)?	Yes, there are. (Nicole Kidman) is a famous actress. / No, there aren't.
(5) Is there any popular food there?	Yes, there is. (Meat pie) is popular. / No, there isn't.
(6) Why do you want to go there?	Because I think it's the most beautiful country in the world.
(7) What do you want to do there?	I want to (visit Opera House in Sydney).
(8) What language do people speak there?	They speak (English) there.
(9)	
(10)	

Step4 友達の発表を聞いて，よいところを次回に活かそう！

評価項目 ＼ 氏名	1	2	3
(1) 流暢さ	AA・A・B・C	AA・A・B・C	AA・A・B・C
(2) 内容（4文以上で説明）	A ・ B ・ C	A ・ B ・ C	A ・ B ・ C
(3) 正確さ	A ・ B ・ C	A ・ B ・ C	A ・ B ・ C
(4) 適度な声の大きさ	A ・ B ・ C	A ・ B ・ C	A ・ B ・ C
(5) アイコンタクト	A ・ B ・ C	A ・ B ・ C	A ・ B ・ C
(6) どこの国？			
(7) わかったことは？			
(8) 感想・よかった点			

Class____ No.____ Name________________

評価項目 ＼ 氏名	4	5	6
(1) 流暢さ	AA・A・B・C	AA・A・B・C	AA・A・B・C
(2) 内容（4文以上で説明）	A・B・C	A・B・C	A・B・C
(3) 正確さ	A・B・C	A・B・C	A・B・C
(4) 適度な声の大きさ	A・B・C	A・B・C	A・B・C
(5) アイコンタクト	A・B・C	A・B・C	A・B・C
(6) どこの国？			
(7) わかったことは？			
(8) 感想・よかった点			

【自己評価1：Show and Tell】

評価項目	自己評価	この活動の感想
(1) 流暢さ	AA・A・B・C	
(2) 内容（4文以上で説明）	A・B・C	
(3) 正確さ	A・B・C	
(4) 適度な声の大きさ	A・B・C	
(5) アイコンタクト	A・B・C	
(6) Show and Tell への取り組み	A・B・C	
(7) このワークシートの役立ち度	A・B・C	

【自己評価2：Writing】

評価項目	自己評価	この活動の感想
(1) 構成	A・B・C	
(2) 内容	A・B・C	
(3) 正確さ	A・B・C	
(4) 語数	AA・A・B・C	
(5) 原稿を作成する手順の理解	A・B・C	
(6) このワークシートの役立ち度	A・B・C	

Class____ No.____ Name________________________

【評価表１：Evaluation Form（Speaking test）】

観点	評価基準	得点
(1) 流暢さ	１分間，スムーズに話し続けることができた。	7
	１分間，おおむねスムーズに話し続けることができた。	5
	１分間，時々つかえたり沈黙があったが，最後まで話し続けることができた。	3
	１分間，話し続けることができなかった。	1
(2) 内容	興味のある国について，４文以上で具体的に話すことができた。	5
	興味のある国について，３，４文でおおむね話すことができた。	3
	興味のある国について，説明が少なく内容が不明瞭であった。	1
(3) 正確さ	語彙の選択や文法に間違いがなかった。	5
	語彙の選択や文法事項にいくつか間違いがあったが，言いたいことは理解できた。	3
	語彙の選択や文法にたくさんの間違いがあった。	1
(4) 態度	資料や写真を見せ，大きな声ではっきりと積極的に話そうとした。	5
	資料や写真を見せ，聞こえる程度の声で話すことができた。	3
	資料や写真を見せたが，聞こえにくい声で話した。	1

／22

【評価表２：Evaluation Form（Writing test）】

観点	評価基準	得点
(1) 構成（表現力）	Introduction, Body, Conclusion が明確でまとまり感がある。	5
	Introduction, Body, Conclusion が明確であるが，まとまり感がやや不足である。	3
	Introduction, Body, Conclusion が不明確でまとまり感がない。	1
(2) 内容（表現力）	興味のある国について，４文以上で具体的に書くことができた。	5
	興味のある国について，３，４文でおおむね書くことができた。	3
	興味のある国について，説明文が少なく内容が不明瞭であった。	1
(3) 正確さ（表現力）	既習語句や文法事項を正しく使い言いたいことがまとめられている。	5
	既習語句や文法事項に少し間違いがあるが，言いたいことはまとめられている。	3
	語彙の選択や文法にたくさんの間違いがあった。	1
(4) 語数（関心・意欲・態度）	70語以上書けている。	7
	60語以上書けている。	5
	50語以上書けている。	3
	50語未満の語数である。	1

／22

Class____ No.____ Name________________________

Task2 Let's talk about countries!（Review）

疑問詞，There is/are，比較級・最上級，不定詞の復習② 行ってみたい国は？

目 標 興味のある国について写真や図表などの資料を見せながら話したり，書いたりすることができるようになる。

時 間 50分×２

準備物 ワークシート，興味のある国の写真，Fun Essay シート，評価表１・２，タイマー

1．タスクの進め方

○Pre-task

1．Step1として，教師と ALT の Model Dialog を聞かせ，内容に関する質問に答えさせる。ペアで答えを確認させてから，全体で確認する。

2．Step2として，興味のある国について日本語で表にまとめさせる。

〈Model Dialog〉

A：Hi, ○○.

B：Hi, ○○.

A：Which country do you want to visit?

B：I want to visit Canada.

A：Where is the country?

B：It's north of the United States.

A：How big is the country?

B：It's 9,985,000 square kilometers. It's the world's second largest country.

A：What is the population of the country?

B：It's thirty-seven million.

A：What language do people speak?

B：They speak English and French.

A：Are there any popular foods there?

B：Yes, there are. Maple Syrup, lobster, and Poutine are famous.

A：Sounds delicious. I want to eat them.
Are there any famous people from there?

B：Yes, there are.
Do you know Justin Bieber and Carly Rae Jepsen? They are from Canada.

A：Oh, really? They are very famous singers.
B：Yes, they are!
A：What can we do there?
B：There are many places to see, like Niagara Falls and the Canadian Rockies.
So you can enjoy its beautiful nature.

3．Step3として，質問に答える形で，興味のある国（表にまとめた国）について書かせる。
4．ペアで興味のある国について話すSpeaking test，Fun Essayを行い，評価することを告知する。評価基準を示し，どのようなことができればよいかを生徒に伝える。

○**Task**

1．Speaking testのModel Dialogを教師とボランティアの生徒でやってみせる。
2．Step4として，Speaking testの練習を兼ねて，Speaking testの会話を練習させる。ワークシートを見ずに話せるようにするため，１回目はワークシートを見て，２回目はワークシートをなるべく見ずに，３回目以降はワークシートを見ずに話すように指示を出す。会話が終わった後で，ワークシートにわかったことをメモさせる。
3．Fun Essayの例を見せて，書き始めるように指示する。

2．ワンポイント・アドバイス

・Model Dialogは，ALTとの会話をあらかじめ録画（または録音）しておくか，ボランティアの生徒に協力してもらうとよい。
・Speaking testを待っている間は，自分自身についてのFun Essay（p.76）を書かせるとよい。

（福元有希美）

Class____ No.____ Name________________________

Work Sheet

Let's talk about countries!
行ってみたい国は？

Step1 先生たちの会話を聞いて，表にまとめよう！

① 興味のある国は？	
② 基本情報 （地理的な位置， 面積，人口，言語）	
③ 特色は？ （有名な食べ物， 有名人，観光地）	

Step2 興味のある国を１つ選び，知っていることをまとめよう！

① 国名	
② 基本情報 （地理的な位置， 面積，人口，言語）	
③ 特色は？ （有名な食べ物， 有名人，観光地）	

Step3 あなたの興味のある国について，質問に答えよう！

(1) Which country do you want to visit?

____

(2) Where is the country?

____

Class____ No.____ Name______________________

(3) How big is the country?

___

(4) What is the population of the country?

___

(5) What language do people speak?

___

(6) Are there any popular foods there?

___

(7) Are there any famous people from there?

___

(8) What can we do there?

___

Step4 Communication Strategies を使いながら，英語だけで会話しよう！

名前	わかったこと
さん	
さん	
さん	

〈Communication Strategies〉

間をつなぐ（えーと。あの～。）Well ... Um ... Uh ... Hmm ... Let's see.

相手の言ったことを確かめる（シャドーイング）（例）Where is the country? → Where?

相手の言ったことにうなずく（ええ。うんうん。そのとおり。）Yes. Uh-huh. That's right.

驚きを伝える（え，本当に？ わぁ，すごいね！）Oh, really? Wow!

興味を示す（私も。面白いね。いいね。）Me, too! That's interesting! That's great!

Class____ No.____ Name________________________

Step5 写真を貼って（または絵をかいて），あなたが興味のある国についてもっとくわしく書こう（50語以上）。

Fun Essay:

語数の合計を書こう

語

Class____ No.____ Name______________________

【評価表１：Speaking test】

項目		評価基準	得点		
関心意欲態度	〈積極性〉笑顔・アイコンタクト 2点	1．アイコンタクトをしながら自然な笑顔で英語を話すことができたか	A（2）両方ともできた	B（1）どちらかはできた	C（0）ひとつもできなかった／ワークシートを見た
	〈話し方〉声の大きさ 2点	2．はっきりと聞こえる大きな声で話すことができたか	A（2）はっきり聞こえた	B（1）一応聞こえた	C（0）聞こえづらかった
表現	〈話し方〉発音 2点	3．英語らしい発音で話すことができたか	A（2）英語らしい発音でできた	B（1）カタカナ英語になる時があった	C（0）カタカナ英語が多かった
	〈CS の活用〉あいづち・シャドーイング 3点	4．あいづちやシャドーイングを使って自然な会話にすることができたか	A（3）何度もあいづちやシャドーイングを使った	B（2）一度はあいづちやシャドーイングを使った	C（1）使えなかった／ワークシートを見た
	〈流暢さ〉 3点	5．ワークシートを見ずに，２分30秒間，スムーズに会話を続けることができたか	A（3）沈黙はほとんどなかった	B（2）時々沈黙があった	C（1）沈黙が多かった／ワークシートを見た
	〈言語材料の活用〉 4点	6．疑問文の意味を理解し，正確に答えることができたか	A（4）疑問詞の意味をすべて理解し，ほぼすべて正確に答えることができた	B（3）疑問詞の意味はすべて理解できていたが，正確に答えられない時があった	C（1）あまり正確に答えられなかった／ワークシートを見た
	〈言語材料の活用〉 4点	7．これまでに習った文法を正しく使って話すことができたか	A（4）だいたい正確な文法で話せた	B（3）時々間違えることはあったが，意味は十分に伝わった	C（1）間違いが多く，意味が伝わらないことも多かった／ワークシートを見た
		総合判定	A^+ / A / A^- すばらしかった	B^+ / B / B^- よくできた	C^+ / C / C^- 次はがんばろう

話し方・態度：　　　6点

CS の活用・流暢さ：　6点

言語材料の正確な活用：8点

計20点

／20

Class____ No.____ Name________________________

【評価表２：Fun Essay】

Categories （項目）		Criteria （評価基準）	Points （得点）
関心 意欲 態度	ていねいさ （5）	写真を貼って（または絵をかき），色を使って美しく仕上げている。字は，ペンできれいに清書して，下書きもきちんと消してある。	A（5）
		写真を貼って（または絵をかき），絵に色を塗っている。字は，鉛筆で読みやすくていねいに書いている。	B（3）
		写真がない。または絵に色を塗っていない。字が乱雑で，読みにくい。	C（1）
表現	内容（5） ・ユニークさ ・文のまとまり	モデル文を活用した英文以外にも，自分で考えたオリジナルの英文をたくさん入れて，とても個性的な内容になっている。文の流れもスムーズで，まとまりがある。	A（5）
		モデル文を活用して，個性的な自己表現ができている。ただし，自分で考えたオリジナルの英文が少なかったり，文の流れが悪くわかりにくかったりするところがある。	B（3）
		モデル文を写したようなものが多く，内容にあまり個性を感じられない。	C（1）
	言語材料の活用 （5） ・活用する力 ・正確さ	これまでに習ったいろいろな文法や表現を使っており，その使い方もほぼ正確で，十分に理解できる。	5
		モデル文で使われている文法や表現を正確に活用し，自分の言いたいことを表現している。	4
		モデル文をそのまま写している。モデル文を活用しているが，間違いがあり，意味の理解がむずかしい。	2
関心 意欲 態度	ボーナス点	（英作文の語数）÷20	

／15＋ボーナス点

Task3 This book was written by Naoki Matayoshi.

受け身の疑問文　カードを集めよう！

目標　タスクを通して，受け身の疑問文を使えるようになる。
時間　30分
準備物　ワークシート，カードリスト，絵カード，タイマー

1. タスクの進め方

○Pre-Task

1. Step1として，生徒に，受け身の疑問文の表現が用いてあるワークシートの文章を読ませ，問いに対してYesかNoを選ばせる。ペアで答えを確認した後，全体で答え合わせをする。

（例）
Jibanyan is very popular.
Many children have Jibanyan goods.
Q. Is Jibanyan loved by many children?
→ Yes, he is. He is loved by many children.
→ No, he isn't. He is not loved by many children.

2. Step2として，受け身の形式と意味を生徒に気づかせる。

○Task

1. Step3として，生徒それぞれに集めるカードリスト，絵カード３枚（建築物，絵画，本より１枚ずつ），Model Dialogを配付する。
2. 集めるカードリストの建築物，絵画，本の組み合わせを確認する。
3. 生徒にゲームのルールを説明し，Model Dialogを導入する。
4. 生徒は集めるカードリストに従って，自分の絵カードを集めに教室を歩く。
5. 生徒はじゃんけんをして，勝った方はA，負けた方はBとなる。Aは自分の集めるカードの情報を説明して，Bの持つ絵カードと一致していればBから絵カードを受け取る。
6. リスト内のカードをすべて集め終わったら，生徒は教師の所まで来て，集めたカードの説明を，受け身の文を使って行う。制限時間以内に，すべてのカードを集めた人が勝ち。

2. ワンポイント・アドバイス

・慣れてきたら，Model Dialogを見ずに会話をするように指示する。

（Yoshiゼミ）

Class____ No.____ Name________________________

Work Sheet　This book was written by Naoki Matayoshi.

カードを集めよう！

Step1　文章を読んで，Yes か No に○をつけよう！

Jibanyan is very popular in Japan.
Many children have Jibanyan goods.
Q. Is Jibanyan loved by many children?
→ Yes, he is. He is loved by many children.
→ No, he isn't. He is not loved by many children.

じばにゃんの
イラスト

バイキンマン
のイラスト

Baikin-man is an enemy for Anpan-man.
He does bad things to Anpan-man and his friends.
Many children dislike him.
Q. Is baikin-man liked by many children?
→ Yes, he is. He is liked by many children.
→ No, he isn't. He is not liked by many children.

Sphoo was a very popular character in "Okaasan to issho."
Many parents and children watched this *puppet play.　＊人形劇
Q. Was Sphoo loved by many parents and children?
→ Yes, he was. He was loved by many parents and children.
→ No, he wasn't. He was not loved by many parents and children.

スプーの
イラスト

フリーザの
イラスト

Freeza was one of the characters of "DRAGON BALL."
He was Goku's enemy, and he killed Goku's friends.
Q. Was freeza liked by Goku?
→ Yes, he was. He was liked by Goku.
→ No, he wasn't. He was not liked by Goku.

Class____ No.____ Name________________

Step2 Grammar Point

☆ Jibanyan is loved by many children.

★ Is Jibanyan loved by many children?

（意味：　　　　　　　　　　　　　　　　　　　　　　　　　）

→「～される / ～された」と言う時，

（　　　　）＋動詞の（　　　　）形を使って表現する。

→このような文の形を（　　　　）と言う。

→疑問文にする時は，（　　　　）と（　　　　）を入れ替える！

Step3 カードを集めよう！

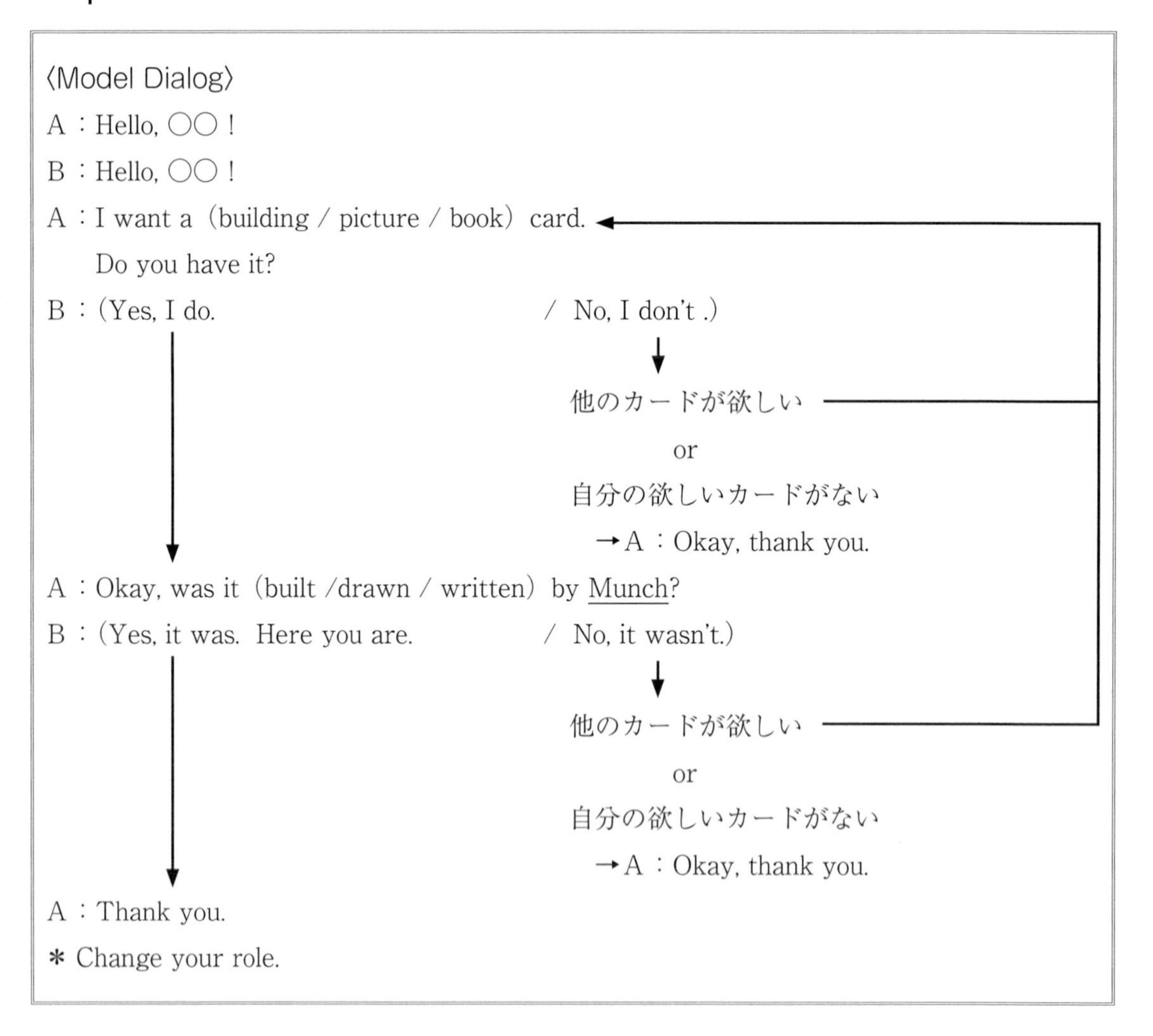

〈Model Dialog〉

A：Hello, ○○！

B：Hello, ○○！

A：I want a（building / picture / book）card.
Do you have it?

B：（Yes, I do. / No, I don't .）

他のカードが欲しい
or
自分の欲しいカードがない
→A：Okay, thank you.

A：Okay, was it（built /drawn / written）by Munch?

B：（Yes, it was. Here you are. / No, it wasn't.）

他のカードが欲しい
or
自分の欲しいカードがない
→A：Okay, thank you.

A：Thank you.

＊ Change your role.

Class____ No.____ Name______________________

〈Rule〉
① 質問は１人に何回してもOK！
② １人からもらえる絵カードは１枚だけ！
③ 絵カードをもらったら，下の「集めたカード」欄に貼りつけよう！
④ 相手がカードを持っていなくても，ちゃんと会話をしよう！
⑤ ３種類のすべての絵カードがそろったら，先生の所に見せに来て，カードについて説明してね！
Ex）This book was written by Naoki Matayoshi.
⑥ 時間以内に３種類の絵カードをすべて集めよう！
※絵カードをまだ持っている場合は，先生に見せに来た後，手持ちの絵カードがなくなるまで会話を続けよう！

★集めたカード★

〈Building〉	〈Picture〉	〈Book〉

【絵カード】省略（以下の12種類を用意する。生徒が36人であれば，３倍にする）

1．「銀河鉄道の夜」宮沢賢治　2．「坊ちゃん」夏目漱石　3．「学問のすゝめ」福沢諭吉
4．「火花」又吉直樹　5．「法隆寺」聖徳太子　6．「金閣寺」足利義満
7．「銀閣寺」足利義政　8．「名古屋城」徳川家康　9．「叫び」ムンク
10．「睡蓮」モネ　11．「ひまわり」ゴッホ　12．「泣く女」ピカソ

【カードリスト】

★ Card list ★ ・Building (Taishi Shotoku) ・Picture ムンク (Munch) ・Book (Naoki Matayoshi)	★ Card list ★ ・Building (Yoshimitsu Ashikaga) ・Picture ムンク (Munch) ・Book (Yukichi Fukuzawa)	★ Card list ★ ・Building (Yoshimasa Ashikaga) ・Picture ムンク (Munch) ・Book (Soseki Natsume)	★ Card list ★ ・Building (Ieyasu Tokugawa) ・Picture ムンク (Munch) ・Book (Kenji Miyazawa)
★ Card list ★ ・Building (Taishi Shotoku) ・Picture モネ (Monet) ・Book (Naoki Matayoshi)	★ Card list ★ ・Building (Yoshimitsu Ashikaga) ・Picture モネ (Monet) ・Book (Yukichi Fukuzawa)	★ Card list ★ ・Building (Yoshimasa Ashikaga) ・Picture モネ (Monet) ・Book (Soseki Natsume)	★ Card list ★ ・Building (Ieyasu Tokugawa) ・Picture モネ (Monet) ・Book (Kenji Miyazawa)
★ Card list ★ ・Building (Taishi Shotoku) ・Picture ゴッホ (Gogh) ・Book (Naoki Matayoshi)	★ Card list ★ ・Building (Yoshimitsu Ashikaga) ・Picture ゴッホ (Gogh) ・Book (Yukichi Fukuzawa)	★ Card list ★ ・Building (Yoshimasa Ashikaga) ・Picture ゴッホ (Gogh) ・Book (Soseki Natsume)	★ Card list ★ ・Building (Ieyasu Tokugawa) ・Picture ゴッホ (Gogh) ・Book (Kenji Miyazawa)
★ Card list ★ ・Building (Taishi Shotoku) ・Picture ピカソ (Picasso) ・Book (Naoki Matayoshi)	★ Card list ★ ・Building (Yoshimitsu Ashikaga) ・Picture ピカソ (Picasso) ・Book (Yukichi Fukuzawa)	★ Card list ★ ・Building (Yoshimasa Ashikaga) ・Picture ピカソ (Picasso) ・Book (Soseki Natsume)	★ Card list ★ ・Building (Ieyasu Tokugawa) ・Picture ピカソ (Picasso) ・Book (Kenji Miyazawa)

Task4　What's new with you?

使役動詞　最近何があった？

目　標　タスクを通して，make＋名詞＋形容詞が使えるようになる。
時　間　30分
準備物　ワークシート，形容詞カード，文章カード，タイマー

1. タスクの進め方

○Pre-task

1．Step1として，絵と内容が合う形容詞を選ばせる。まずは個々で行い，ペアで文を読みながら答えの確認をする。全体での確認が終えたのち，全文を読ませる。
2．Step2として，黒板に例文を板書して，生徒にmake（使役）の形式と意味に気づかせる。

○Task

1．Step3として，タスクの説明とModel Dialogの確認をする。
　4，5人のグループを作る。2種類のカード（形容詞カードと文章カード）を机上に置き，神経衰弱の要領でタスクを行う。
2．順番を決める。グループ全員（カードを引く人を除く）が“What's new with you?”と言い，カードを引いた人が文章カードを読み上げる。次に全員で“How did you feel?”と言う。2つのカードの絵が同じ場合は“I was sad, so it made me sad.”というように文に合わせて言う。カードを得たら，外れるまで続ける。絵が異なる場合は，“I was happy, but it didn't make me happy. と”言って，次の人に交代する。
3．5分程度行い，クラスで結果を確認する。
4．時間があれば，グループのメンバーを変え，もう一度行う。

2. ワンポイント・アドバイス

・タスクで，It made me sad. の it が何を表すのかをクラスで確認する。

（Yoshi ゼミ）

Class____ No.____ Name________________________

Work Sheet

What's new with you?
最近何があった？

Step1 次の文を読んで絵と合う語を選ぼう！

(1)

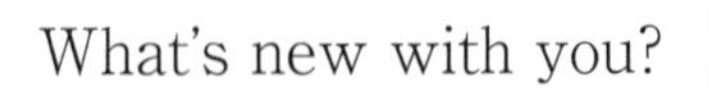
What's new with you?

Yesterday was my birthday! My friends gave me a present! I was (happy / sad). So, it made me (happy / sad).

(2)

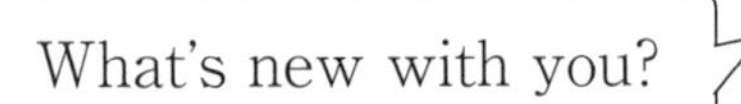
What's new with you?

I lost my wallet. There were 10,000 yen. It is not found still now. I'm (excited / sad). So, losing my wallet makes me (excited / sad).

(3)

What's new with you?

I got up late this morning, so I ran to school. Now, I'm (tired / hungry). Running made me (tired / hungry).

(4)

What's new with you?

I didn't do my homework. My teacher got very (cute / angry). So, I made my teacher (cute / angry).

Class____ No.____ Name____________________

Step2 Grammar Point

◎ Losing my wallet makes me sad.
（意味：　　　　　　　　　　　　　　　　　　　　　　　　　　　）

make + 名詞 + 形容詞　→　（意味：　　　　　　　　　　　　　　　　）

Step3 Matching Game!

〈Rule〉

グループで競争です！
より多くの card を get しよう！

〈Model Dialog〉
全員：What's new with you?
A：I lost my umbrella.（文章カードを読む。）
全員：How did you feel?

【2つの絵が同じ場合】
A：I was sad, so it made me sad.
全員：That's too bad. / That sounds nice.
A は card を get し，続ける。

【2つの絵が異なる場合】
A：I was happy, but it didn't make me happy.
全員：Okay. / Uh-huh.
A は card を戻し，次の人に交代する。

【形容詞カード】

sad	happy
angry	tired
bored	shocked
excited	scared

【文章カード】

I lost my wallet.	I got a present on my birthday.
My sister broke my toys.	I ran from my house to school.
I watched a boring movie.	I got fat.
I dated with my boy friend /girl friend.	I saw some ghosts(おばけ).

Task5 Let's show a Japanese thing to EJ!（Review）

受け身　絵や実物を使って"日本の文化"をEJに紹介しよう！

目　標　受け身の文を用いて，「日本の文化」を外国の人に紹介できるようになる。
時　間　50分×２
準備物　ワークシート，絵，写真，実物，タイマー

1．タスクの進め方

○Pre-task

1．Step1の一覧表の中から，外国の人に自分が紹介したいもの，実物や写真等を用意できるものを選択する。
2．Step1で選んだものについて，Step2の例文を参考に５文以上で説明する。
3．Speaking test（発表）と Writing test を行うことを伝え，評価表の説明をする。

○Task

1．Step3の紹介文を参考に，Step2で書いた文を「まとまりのある」紹介文になるように構成し，自分が紹介したい「日本文化」についての説明文を完成する。
2．Step4の「予想質問例」を参考に，友達の発表に関しての予想質問を書かせる。
3．ALT の先生に紹介する前に，４人グループ（A，B，C，D）で練習をする。
　友達の発表後，内容について１つは質問する。まずAがBに紹介しBが質問する。CとDは２人のパフォーマンスを観察し，その内容についてメモをとる。次にBとCが同様に行う。AとDは聞きメモをとる。その次はCとDが会話し，最後にDとAが会話をする。それぞれについて紹介と質問のチャンスを２回もつ。グループを変えて，２，３回練習をする。

2．ワンポイント・アドバイス

・実際の Speaking test は次時になるので，グループで発表の練習を十分やっておくことが必要である。
・Speaking test の順番は当日くじで決める。
・Speaking test は他の生徒も聞ける場所で行い，他の生徒が友達の Speaking test を聞き，次回のテストの時「友達のよいところ」を取り入れられるように，発表形式を工夫するとよい。

（大須賀博美）

Class____ No.____ Name____________________

Work Sheet　Let's show a Japanese thing to EJ!
絵や実物を使って“日本の文化”をEJに紹介しよう！

Step1　EJ先生に紹介したい「日本文化」を考えよう！

次の項目の中から1つ選び，□にチェックし，写真や実物など資料を用意しよう。

分野	日本文化《例》		
(1)　衣	□ゆかた：*yukata*	□げた：*geta*	□扇子：*sennsu*
(2)　食	□刺身：*sashimi*	□とうふ：*tofu*	□すき焼き：*sukiyaki*
(3)　住	□こたつ：*kotatsu*	□たたみ：*tatami*	□床の間：*toko-no-ma*
(4)　行事	□ひな祭り：*hinamatsuri*	□七五三：*shichi-go-san*	□初詣：*hatsumoude*
(5) その他	□マンガ：*manga*	□花火：*hanabi*	□盆踊り：*bon-odori*
	□剣道：*kendo*	□将棋：*shogi*	□ポケモン：*Pokemon*

Step2　次の例文を参考にして，Step1で自分が選んだ日本文化について説明する文を書こう！

どの部分を言いかえれば，原稿に使いたい文になるかな。例1，例2にならって5文以上書こう。

例1　食べ物　（　とうふ　）について	
①　何と呼ばれているか	This is called *tofu.*
②　どのようなものか	It is made from soybeans.
③　いつ（　使われる　）のか	We usually put it in when we make miso soup.
④　特徴1	Some people eat it as “*hiya-yakko*” in summer.
⑤　特徴2	Many people eat it as “*yu-dofu*” in winter.
⑥　一言・感想など	*Tofu* is loved by many people in Japan. I love *tofu* very much.

例2　もの　（　竹ぼうき　）について	
①　何と呼ばれているか	This is called *take-boki.*
②　どのようなものか	It is made of bamboo.
③　いつ（　使われる　）のか	We usually use it to clean the garden.
④　特徴1	We often use it to clean our schoolyard.
⑤　特徴2	*Take-boki* is very light, so using it is easy for us.
⑥　一言・感想など	Using *take-boki* is fun for me. I love using *take-boki.*

Class____ No.____ Name________________

あなたの原稿　（　　　　　）について	
① 何と呼ばれているか	
② どのようなものか	
③ いつ（　　　　　）のか	
④ 特徴1	
⑤ 特徴2	
⑥ 一言・感想など	

Step3 次の例文を参考に，Step2の原稿を使って「日本文化」をEJ先生に紹介する文を清書しよう！

〈例〉 I like drinking Japanese green tea in the tea-ceremony room.
This is called a "*maccha-jawan*." It is used when you drink "*maccha*."
A "*maccha-jawan*" doesn't have a handle.
This "*maccha-jawan*" was made in Tokoname, Aichi.
There are different kinds of "*maccha-jawan*" in Japan. Some of them are very expensive.
Do you like Japanese green tea? (55語)

絵をかくか，写真を貼ること。（話す時は実物か写真を持参）	清書 （　　語）

Class____ No.____ Name________________________

Step4 EJ先生に紹介する前に，４人グループで友達の発表を聞いて質問し合おう！

予想質問の例	答え方の例
(1) Do you cook *tofu* yourself?	Yes, I do. I sometimes cook it myself.
(2) How do you eat it?	I eat it with some leak, ginger, and soy sauce.
(3) Is there anything like it in other countries?	Yes, there is. We see it in China or Korea.
(4) Are there many kinds of *tofu*?	Yes, there are.
(5) Where can you buy it?	We can buy it at the supermarket.
(6)	
(7)	

	1 あなた ( )	2	3	4
① 紹介する日本文化				
② 簡単な説明の内容				
③ 特徴１				
④ 特徴２				
⑤ その他の情報				
⑥ 一言・感想の内容				

Class____ No.____ Name____________________

Step5 友達の発表を聞いて，よいところを次回に活かそう！

評価項目＼氏名	1	2	3
(1) 流暢さ	AA・A・B・C	AA・A・B・C	AA・A・B・C
(2) 内容（5文以上で説明）	A・B・C	A・B・C	A・B・C
(3) 正確さ	A・B・C	A・B・C	A・B・C
(4) 適度な声の大きさ	A・B・C	A・B・C	A・B・C
(5) アイコンタクト	A・B・C	A・B・C	A・B・C
(6) 何についての説明？			
(7) わかったことは？			
(8) 感想・よかった点			

評価項目＼氏名	4	5	6
(1) 流暢さ	AA・A・B・C	AA・A・B・C	AA・A・B・C
(2) 内容（5文以上で説明）	A・B・C	A・B・C	A・B・C
(3) 正確さ	A・B・C	A・B・C	A・B・C
(4) 適度な声の大きさ	A・B・C	A・B・C	A・B・C
(5) アイコンタクト	A・B・C	A・B・C	A・B・C
(6) 何についての説明？			
(7) わかったことは？			
(8) 感想・よかった点			

Class____ No.____ Name______________________

【自己評価１：Speaking】

評価項目	自己評価	この活動の感想
(1) 流暢さ	AA・A・B・C	
(2) 内容（５文以上で説明）	A・B・C	
(3) 受け身の文の用法	A・B・C	
(4) 適度な声の大きさ	A・B・C	
(5) アイコンタクト	A・B・C	
(6) このワークシートの役立ち度	A・B・C	

＊自分の Speaking の様子をふり返って書こう。

① 上手にできたこと 一生懸命がんばったこと	
② うまくいかなかったこと 今後，努力を要すること	
③ 活動に関する全体的感想	

【自己評価２：Writing】

評価項目	自己評価	この活動の感想
(1) 構成	A・B・C	
(2) 内容	A・B・C	
(3) 正確さ	A・B・C	
(4) 語数	AA・A・B・C	
(5) このワークシートの役立ち度	A・B・C	

Class____ No.____ Name____________________

【評価表１：Evaluation Form（Speaking test）】

観点	評価基準	得点
(1) 流暢さ	１分間，スムーズに話し続けることができ，質問に素早く答えることができた。	7
	１分間，おおむねスムーズに話し続けることができ，何とか質問に答えることができた。	5
	・１分間，時々つかえたり沈黙があったが，最後まで話し続けることができた。 ・間違えながらも，質問に答えようとした。	3
	１分間，話し続けることができなかった。質問にも答えられなかった。	1
(2) 内容	紹介するものについて，受け身の文を使い５文以上で具体的に話すことができた。	5
	紹介するものについて，受け身の文を使い３，４文でおおむね話すことができた。	3
	紹介するものについて，受け身の文を使えなかった。説明が少なく内容が不明瞭であった。	1
(3) 正確さ	語彙の選択や文法に間違いがなかった。	5
	語彙の選択や文法事項にいくつか間違いがあったが，言いたいことは理解できた。	3
	語彙の選択や文法にたくさんの間違いがあった。	1
(4) 態度	実物や写真等を見せ，大きな声ではっきりと積極的に話そうとした。	5
	実物や写真等を見せ，聞こえる程度の声で話すことができた。	3
	実物や写真等を見せたが，聞こえにくい声で話した。	1

／22

【評価表２：Evaluation Form（Writing test）】

観点	評価基準	得点
(1) 構成（表現力）	Introduction, Body, Conclusion が明確でまとまり感がある。	5
	Introduction, Body, Conclusion が明確であるがまとまり感がやや不足である。	3
	Introduction, Body, Conclusion が不明確でまとまり感がない。	1
(2) 内容（表現力）	紹介するものについて，５文以上で具体的に書くことができた。	5
	紹介するものについて，５文でおおむね書くことができた。	3
	紹介するものについて，説明文が少なく内容が不明瞭であった。	1
(3) 正確さ（表現力）	既習語句や受け身の文を正しく使い言いたいことがまとめられている。	5
	既習語句や受け身の文に少し間違いがあるが，言いたいことはまとめられている。	3
	語彙の選択や文法にたくさんの間違いがあった。	1
(4) 語数（関心・意欲・態度）	50語以上書けている。	7
	45語以上書けている。	5
	40語以上書けている。	3
	40語未満の語数である。	1

／22

Task6 Ai has played the flute for nine years.

現在完了形（継続）① 続けていることは？

目 標 現在完了形（継続）の形式と意味を知り，使えるようになる。

時 間 20分

準備物 ワークシート1・A・B

1．タスクの進め方

○Pre-task

1．Step1として，生徒各自に英文を読ませ，空欄に数字または年号を書かせる。

(1) I started playing the flute nine years ago.
I still play the flute now.
So, I have played the flute for __nine__ years.

(2) Mrs. Endo started teaching at our school last year.
She still teaches here now.
So, she has taught at our school since __last year__ .

(3) We started studying English in 2017.
We still study English now.
So, we have studied English for __three__ years.

2．Step2として，黒板に例文を板書して，現在完了形（継続）の形式と意味に気づかせる。

○Task

1．Step3として，隣同士がワークシートA，Bを持つように配付する。
2．空欄の部分の年数を語群から選んで予想する。
3．Model Dialog を例に，ペアで予想したものと合っているか確認し合う。
4．空欄に回答を書かせる。
5．４問中何問正解できたか競い合う。
6．Step4として，ペアで話し合った情報について５つ選ばせ，英文を書かせる。

2．ワンポイント・アドバイス

・ペアワークの際は，英語使用を徹底させる。

(Yoshi ゼミ)

Class____ No.____ Name____________________

Work Sheet1　Ai has played the flute for nine years.

続けていることは？

Step1 英文を読んで空欄に数字を入れよう！

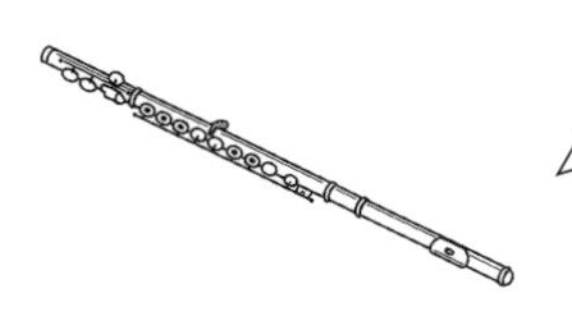

I started playing the flute nine years ago.
I still play the flute now.
So, I have played the flute for _________ years.

Mrs. Endo started teaching at our school last year.
She still teaches here now.
So, she has taught at our school since _________ .

We started studying English in 2017.
We still study English now.
So, we have studied English for _________ years.

Step2 Grammar Point

◎ I have played the flute for nine years.
（意味：　　　　　　　　　　　　　　　　　　　　　　　）

◎ have +（　　　　　　　　）→意味（　　　　　　　　）

★この用法のことを（　　　　　　）の（　　　　　　）と言う。

★ for：（　　　　　　　　）　since：（　　　　　　　　）

Class____ No.____ Name________________________

Work SheetA　Ai has played the flute for nine years.

続けていることは？

Step3　何年間続けているか当てよう！

〈Model Dialog〉

A：I think Ai has played the flute for nine years.

B：That's right. / That's wrong. →正しい答えを言う。

　Ai has played the flute for ______ years.

(1) Ichiro play baseball 33 years	(2) Nishikori Kei play tennis (　　　years) (guess　　　　)	(3) Hakase Taro play the violin 43 years
(4) Sakurai Sho belong to Arashi (　　　years) (guess　　　　)	(5) Paul (ALT) live in Japan 22 years	(6) Takahashi Minami belong to AKB48 (　　　years) (guess　　　　)
(7) Atsugiri Jason (厚切り ジェイソン) study Japanese 10 years	(8) Obama marry with Michelle (　　　years) (guess　　　　)	

〈語群〉 10, 16, 18, 20, 23, 25, 30

Step4　ペアで話し合った情報について５つ選び，英文を書こう！

Ex) Ai has played the flute for nine years.

(1) ________________________________

(2) ________________________________

(3) ________________________________

(4) ________________________________

(5) ________________________________

Class____ No.____ Name____________________

Work SheetB

Ai has played the flute for nine years.
続けていることは？

Step3 何年間続けているか当てよう！

〈Model Dialog〉
A：I think Ai has played the flute for nine years.
B：That's right. / That's wrong. →正しい答えを言う。
Ai has played the flute for ______ years.

(1) Ichiro play baseball (years) (guess)	(2) Nishikori Kei play tennis 20 years	(3) Hakase Taro play the violin (years) (guess)
(4) Sakurai Sho belong to Arashi 16 years	(5) Paul（ALT） live in Japan (years) (guess)	(6) Takahashi Minami belong to AKB48 10 years
(7) Atsugiri Jason (厚切り ジェイソン) study Japanese (years) (guess)	(8) Obama marry with Michelle 23 years	

〈語群〉 10, 22, 23, 33, 35, 43, 47

Step4 ペアで話し合った情報について５つ選び，英文を書こう！

Ex) Ai has played the flute for nine years.

(1) ______________________________

(2) ______________________________

(3) ______________________________

(4) ______________________________

(5) ______________________________

Task7　How long have you ...?

現在完了形の疑問文　インタビューをしよう！

目　標　タスクを通して，How long have you ～? の現在完了形の疑問文が使えるようになる。

時　間　20分

準備物　ワークシート1・A・B

1. タスクの進め方

○Pre-task

1．Step1として，４人のスポーツ選手（浅田真央，本田圭祐，田中将大，吉田沙保里）を例に挙げ，どれくらいの間，それぞれスポーツをやっているのかを数直線を見ながら考えさせる。その時に How long have you ...? とその答え方である Since ～. / For ～. の表現を導入する。

（例）　I'm a figure skater. I love figure skating very much.
　　　I started figure skating（　　　）years ago.
　　　→　How long have you practiced figure skating?
　　　→　Since 1995. / For 20 years.

2．Step2として，既習事項である現在完了形（経験），How long ～? の文の復習をする。そこで現在完了形の疑問文の作り方，また How long を加えた疑問文の形式と意味に気づかせる。

○Task

1．Step3として，タスクの説明をする。
　A，Bそれぞれ，答えとなるマスが抜けているところがあるので，How long have you ...? を使いながら自分の表を埋めていく。答える時は Since ～. / For ～. のどちらを使ってもよい。１人に聞くことができる質問は１つまでとして，連続で質問しないようにする。必ず１つの質問ごとで聞く人を変えるように促す。(学校の先生に関する内容を聞き合う。)

2．A，Bの役を決めてワークシートをそれぞれに配付する。

3．タスクを開始する。AはBに，BはAに聞く。じゃんけんをして勝った方から始めさせる。

4．だれが一番早く表を完成させることができるか競わせる。

5．Step4として，インタビューした内容について英文を書かせる。

2. ワンポイント・アドバイス

・英語使用を徹底させる。机間指導も適度に行って生徒のサポートに入る。　(Yoshi ゼミ)

Class____ No.____ Name______________________

Work Sheet1

How long have you ...?

インタビューをしよう！

Step1 （　　）に数字を入れよう！

(1)

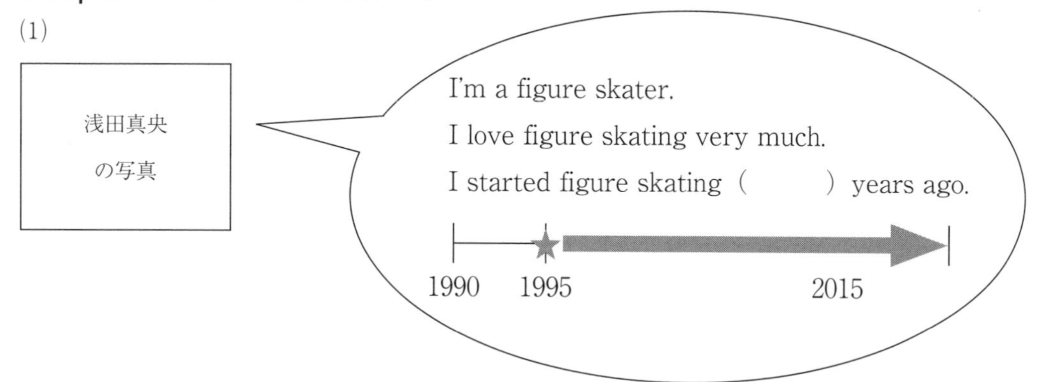

How long have you practiced figure skating?

☞Since 1995. For 20 years.

(2)

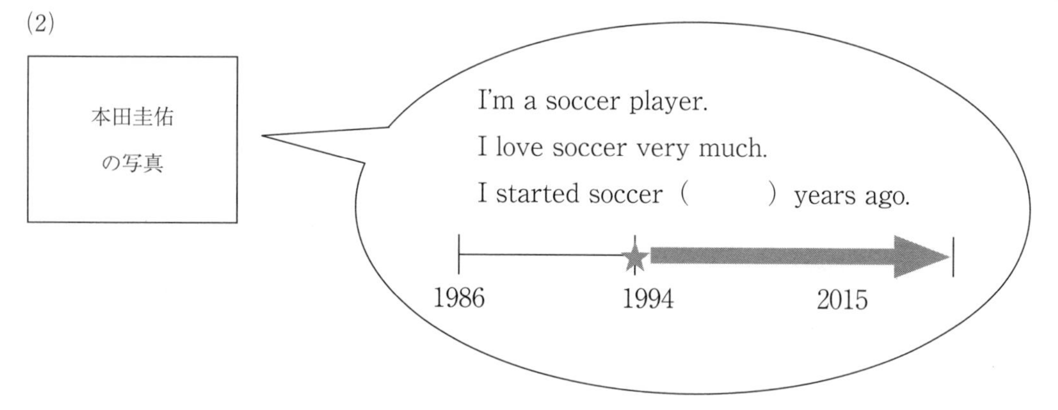

本田圭佑
の写真
I'm a soccer player.
I love soccer very much.
I started soccer（　　　）years ago.
1986
1994
2015

How long have you played soccer?

☞Since 1994. For 21 years.

Class____ No.____ Name______________________

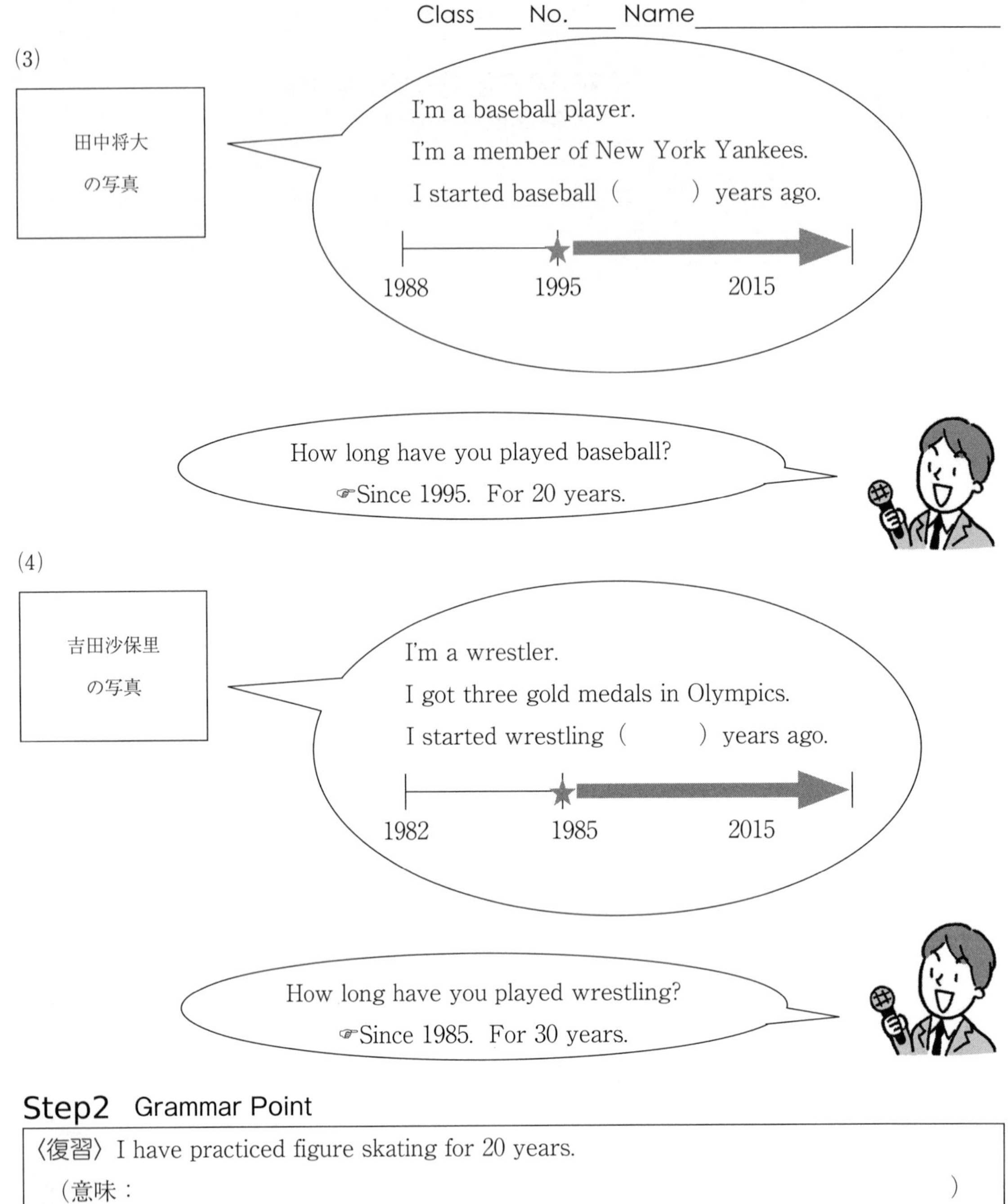

Step2 Grammar Point

〈復習〉I have practiced figure skating for 20 years.

（意味：　　　　　　　　　　　　　　　　　　　　　　　　　　　　）

〈復習〉How long is your winter vacation?

（意味：　　　　　　　　　　　　　　　　　　　　　　　　　　　　）

◎ How long have you practiced figure skating?

（意味：　　　　　　　　　　　　　　　　　　　　　　　　　　　　）

★現在完了形の文を疑問文にする時は（　　　　）を文頭に持ってくる。

★ How long ～? で（　　　　）を尋ねる文を作ることができる。

Class____ No.____ Name________________________

Work SheetA

How long have you ...?

インタビューをしよう！

Step3 先生たちのことについて知ろう！

〈Model Dialog〉

A：Please tell me one thing.

B：OK. What do you want to know? What's your question?

A：Ex1） How long has ______ taught English?

Ex2） How long has ______ liked ______ ?

Ex3） How long has ______ lived in Japan?

B：Since ________ . / For ________ years.

A：Thank you.

B：You are welcome. （Change your role.）

☆ English only!!

☆ You can ask one person only one question!!

☆ Let's complete the table!!

Name	① teach English	② like something	③ live in Japan
Yoshi	26 years		he was born
Mat		jogging he moved to Japan	
Paul	22 years		22 years
Sophie		jogging 2007	

Step4 インタビューした内容について英文を書こう！

____

____

____

____

____

Class____ No.____ Name______________________

Work SheetB

How long have you ...?

インタビューをしよう！

Step3 先生たちのことについて知ろう！

〈Model Dialog〉

A：Please tell me one thing.

B：OK. What do you want to know? What's your question?

A：Ex1) How long has ______ taught English?

Ex2) How long has ______ liked ______ ?

Ex3) How long has ______ lived in Japan?

B：Since ________ . / For ________ years.

A：Thank you.

B：You are welcome. (Change your role.)

☆ English only!!
☆ You can ask one person only one question!!
☆ Let's complete the table!!

Name	① teach English	② like something	③ live in Japan
Yoshi		wine 1995	
Mat	1993		1993
Paul		skiing he was 12 years old	
Sophie	5 years		10 years

Step4 インタビューした内容について英文を書こう！

____

____

____

____

____

Task8 What is your favorite country?（Review）

現在完了形（継続）② 好きな国を紹介しよう！

目　標　タスクを通して，世界の国について伝えられるようになる。
時　間　50分×２
準備物　ワークシート，Fun Essay シート，評価表１・２，タイマー

１．タスクの進め方

○Pre-task

１．教師は生徒に２人１組の Speaking test を行うことおよび Fun Essay の連絡をする。Speaking test については，当日までだれと当たるかはわからないことを伝える。また，Speaking test と Fun Essay の評価基準を伝える。

２．Step1として，教師が ALT と Model Dialog を導入する。聞き取れた情報をワークシートに書かせる。

〈Model Dialog〉

A：Hello. How are you?
B：Hello. I'm fine. Thank you. And you?
A：I'm good. Thank you.
B：So, which country did you choose?
A：I chose Japan.
B：You chose Japan. Please tell me about Japan.
　What is a famous food in Japan?
A：A famous food is sushi.
　Japanese people have eaten sushi since the Muromachi period.
B：Oh, really? I didn't know that.
　What is a famous sport in Japan?
A：A famous sport is judo.
　Japanese people have done judo since 1882.
B：I see. Japanese people have done judo since 1882.
　What is a traditional culture?
A：A traditional culture is *Kabuki*.
　Japanese people have played *Kabuki* since 1603.
B：Uh-huh. *Kabuki* has a long history.

B：I learned about Japan.
A：Thank you. How about you?
Which country did you choose?
B：I chose ________ .
A：I learned about ________ .
Nice talking with you.
B：Nice talking with you, too.

3．もう一度，Model Dialog を聞かせて，答え合わせをする。
4．Step2として，自分が選んだ国について４つの質問に英語で答えさせる。

○Task

1．Step3として，ペアを変えて５回練習する。１回ごとにペアで会話が終わったら，内容について表に記入させる。３回目からは，Model Dialog を見ないで会話をさせる。

2. ワンポイント・アドバイス

・前回の授業の最後に，宿題として自分の好きな国について調べさせるよう伝える。（調べる内容は，その国の食べ物，スポーツ，文化とそれらが何年続いているか，またはいつから続けられているか。）
・Fun Essay の1st draft は宿題として書かせる。
・Speaking test を待っている間は，Fun Essay の清書を書かせる。

（Yoshi ゼミ）

Class____ No.____ Name____________________

Work Sheet

What is your favorite country?
好きな国を紹介しよう！

Step1 先生の会話を聞いて表にまとめよう！

	JET	ALT
country		
famous food		
famous sport		
traditional culture		

Step2 あなたが選んだ国について以下の質問に英語で答えよう！

(1) Which country did you choose?

____

(2) What is a famous food in ...?

____

(3) What is a famous sport in ...?

____

(4) What is a traditional culture in ...?

____

Step3 Model Dialog を参考にして，５人にインタビューをしよう！

Name	country	food	sport	culture
①				
②				
③				
④				
⑤				

Class____ No.____ Name________________________

Fun Essay:

〈Model essay〉

I chose Japan. Japan has a long history. I will tell you three things about Japan.

First, a famous food in Japan is sushi. Japanese people have eaten it since the Muromachi period. I did not know that, so I was surprised.

Second, a famous sport in Japan is judo. Japanese people have done it since 1882. Now, judo is famous all over the world. Moreover, it is one of the games in Olympics.
I'm glad that many people in other countries play the Japanese sport.

Third, a traditional culture is *Kabuki*. The most famous actor in *Kabuki* is Ebizo Ichikawa. He played *Kabuki* very well. It has a long history. Japanese people have played it since 1603.

I hope you will be interested more in Japan.

【1st draft】

オープニング （自分の調べた国）	I chose
第一段落（食べ物） 第二段落（スポーツ） 第三段落（文化）	
クロージング	I hope you will be interested more in ....

Class____ No.____ Name______________________

Fun Essay:

実施日（　　）月（　　）日

【清書】

Class____ No.____ Name______________________

【評価表１：Speaking test】

Categories （項目）	Criteria （評価基準）	Points （得点）
流暢さ	２分間，スムーズに会話でき，Communication Strategies（あいさつ，あいづち，会話の終わり）もたくさん使えた。	7
	途切れながらも，２分間会話を続けられ，時折 Communication Strategies を使えた。	5
	２分間，会話を続けられなかったが，少し Communication Strategies を使えた。	3
7点	２分間，会話を続けられなかった。	1
表現	文法項目を正しく使えた。	3
	誤りがあったが，内容を理解することができた。	2
3点	正しく使えていなかった。	1
態度	声が十分に大きくはっきり聞き取れ，アイコンタクトを積極的にとっていた。	5
	声の大きさ，アイコンタクトのどちらかが不十分だった。	3
5点	声の大きさ，アイコンタクトのどちらも不十分だった。	1

／15

【評価表２：Fun Essay】

Categories （項目）	Criteria （評価基準）	Points （得点）
関心・意欲・態度	自分が選んだ国について，３つの項目（食べ物，スポーツ，文化）が明確に書かれている。	7
	自分が選んだ国について，３つの項目（食べ物，スポーツ，文化）が，おおよそ明確に書かれている。	5
	自分が選んだ国について，３つの項目（食べ物，スポーツ，文化）のいずれかが不明確である。	3
7点	自分が選んだ国について，３つの項目（食べ物，スポーツ，文化）すべてが，不明確である。	1
表現	文法がすべて正しく使えている。	3
	文法がおおよそ正しく使えている。	2
3点	文法がほとんど正しく使えていない。	1
関心・意欲・態度	70語以上書けている。	5
	40語以上書けている。	4
	30語以上書けている。	3
	20語以上書けている。	2
5点	20語未満の語数である。	1

／15

Task9　Have you ever been to USJ?

現在完了形（経験）①　USJに行ったことある？

目　標　タスクを通して，現在完了形（経験）が使えるようになる。
時　間　30分
準備物　ワークシート，タイマー

1．タスクの進め方

○Pre-Task

1．Step1として，教師は自分がやったことのあること，ないことについて例を挙げて，生徒に聞き取らせる。

(1)　I have been to USJ three times.
　　But I have never been to Huis Ten Bosch.（ハウステンボス）
　　Have you ever been to Huis Ten Bosch?
(2)　I have seen Harry Potter on TV five times.
　　But I have never seen a ghost.
　　Have you ever seen a ghost?
(3)　I have eaten durian once.
　　But I have never eaten a kangaroo's meat.
　　Have you ever eaten a kangaroo's meat?

2．Step2として，教師は同じ例文を聞かせ，生徒に聞き取れた単語を選ばせる。

3．Step3として，教師は黒板に例文を板書して，現在完了形（経験）の形式と意味を生徒に気づかせる。

○Task

1．Step4として，生徒にModel Dialogを紹介し，質問と答え方を確認する。

2．生徒に質問を２つ考えさせる。

3．６つの質問について，それぞれ時間内に“Yes.”と答えた友達を２人ずつ探させる。

4．制限時間以内に，できるだけたくさんの該当者を見つけた人が勝ち。

2．ワンポイント・アドバイス

・生徒が自分で質問を２つ考えることができるようにいくつか例を紹介するとよい。

（Yoshiゼミ）

Class____ No.____ Name________________________

Work Sheet

Have you ever been to USJ?
USJに行ったことある？

Step1 聞こえたことを書き込んでみよう！

	先生がやったことがあること	回数	先生がやったことがないこと
(1)			
(2)			
(3)			

Step2 （　　）の中から適切なものを選ぼう！

(1) I have (been / gone) to USJ three times.
But I have (ever / never) (been / gone) to Huis Ten Bosch(ハウステンボス).
Have you (ever / never) (been / gone) to Huis Ten Bosch?

(2) I have (see / seen) Harry Potter on TV five times.
But I have (ever / never) seen a ghost.
Have you (ever / never) seen a ghost?

(3) I have (eat / eaten) durian once.
But I have (ever / never) (eat / eaten) a kangaroo's meat.
Have you (ever / never) (eat / eaten) a kangaroo's meat?

Step3 Grammar Point

◎ I have been to USJ three times.
（意味：　　　　　　　　　　　　　　　　　　　　　　　　　　　　）
★ have +（　　　　　　）で（～　　　　　　　　）という意味になる！

◎ Have you ever been to Huis Ten Bosch?
（意味：　　　　　　　　　　　　　　　　　　　　　　　　　　　　）

★質問の答え方は　Yes, ____ ________ . / No, ____ _________ . I have never been there.
★回数の表現は
once：(　　　　)　twice：(　　　　)　three times：(　　　　)

Class____ No.____ Name________________

Step4 インタビューしてみよう！

A：Have you ever been to Kyoto?
B：Yes, I have.
I have been there three times.
B：No, I have not.
I have never been there.

A：Have you ever played the guitar?
B：Yes, I have.
I have played the guitar twice.
B：No, I have not.
I have never played it.

（1回＝ once　2回＝ twice　3回＝ three times　4回＝ four times　5回＝ five times …）

インタビューの内容	該当者	回数
① ride *Shinkansen* (ride / rode / ridden)		
② see pandas (see / saw / seen)		
③ eat mangos (eat / ate / eaten)		
④ (be) to USJ (been)		
⑤ 自分で質問を考えてみよう！		
⑥ 自分で質問を考えてみよう！		

Task10 Summer vacation is coming soon!

現在完了形（完了） 夏休みの予定

目 標 タスクを通して，現在完了形（完了）が使えるようになる。
時 間 30分
準備物 ワークシート，タイマー

1. タスクの進め方

○Pre-task

1．Step1として，教師が現在完了形（完了）を使って夏休みの予定について話し，生徒に内容を日本語で書かせる。

（例１）
T：A summer vacation is coming soon. I talked about a plan with my family yesterday. We decided a plan for summer vacation. So, we have just decided a plan for the summer vacation.
（例２）
T：We have never been to Universal Studios Japan. So, we have decided to go there. I bought tickets, so I have already bought tickets.
（例３）
T：Have you decided a plan yet? A：Yes, I have. B：No, I haven't yet.

2．Step2として，Step1の例文をもう一度聞かせて，（　　）を埋めさせる。
3．Step3として，現在完了形（完了）の形式と意味を生徒に気づかせる。

○Task

1．Step4として，ビンゴの説明をする。真ん中のマスには自分の好きな質問を考えさせる。
2．ビンゴの８つの質問を口頭練習する。
3．生徒１人とModel Dialogを使ってデモンストレーションをする。
4．ペアでModel Dialogにならい，お互いに質問をする。相手が“Yes.”と答えた質問のマスに相手からサインをもらう。時間内でできるだけ多くサインをもらって，ビンゴを完成させる。

2. ワンポイント・アドバイス

・たくさんの生徒と会話をさせるために，同じ人から２回サインをもらってはいけないことにするとよい。

（Yoshiゼミ）

Class____ No.____ Name______________________

Work Sheet　Summer vacation is coming soon!
夏休みの予定

Step1 Listen to the teacher and fill in the blanks.

(1) 先生は（　　　　　　　　　　）を家族と決めた。

(2) 先生は（　　　　　　　　　　　　　　　）行くことにした。

すでに（　　　　　　）を買った。

(3) （　　　　　　）は予定を（もう決めた / まだ決めてない）。

Step2 Listen again and fill in the blanks.

(1) A summer vacation is coming soon.

I talked about a plan with my family yesterday.

We（　　　　）just decided a plan for the summer vacation.

(2) We have never been to Universal Studios Japan.

So, we（　　　　）（　　　　）to go there.

I bought tickets, so I（　　　　）already（　　　　）tickets.

(3) （　　　　）you（　　　　）a plan yet?　A：Yes, I（　　　　）.　B：No, I（　　　　）yet.

Step3 Grammar Point

〈復習〉 have ＋ 動詞の過去分詞形 ＝（　　　　　　）

She has played the flute for nine years.

（意味：　　　　　　　　　　　　　　　　）用法は？＿＿＿＿＿＿

We have never been to Universal Studios Japan.

（意味：　　　　　　　　　　　　　　　　）用法は？＿＿＿＿＿＿

⇒ Let's learn new things!

〈New!!〉 We have just decided a plan for summer vacation.

（意味：　　　　　　　　　　　　　　　　）

I have already bought tickets.

（意味：　　　　　　　　　　　　　　　　）用法は？＿＿＿＿＿＿

Have you decided a plan yet? − No, I haven't yet.

（意味：　　　　　　　　　　　　　　　　）−（　　　　　　　　）

just：	already：
yet：　　　　（否定文）/	（疑問文）

Class___ No.___ Name______________________

Step4 Let's interview! Bingo

〈Model Dialog〉

A：Hi, (name)! How's it going?

B：I'm good, thank you. How about you?

A：I'm great, thanks. Have you bought a swim suit yet?

B：Yes I have. I have already bought it.

A：Oh, that's nice. Could you write your name here?

B：Sure.

A：Thank you.

If "No" …

B：No, I haven't. I haven't bought it yet.

A：Oh, I see. Thank you.

B：Sorry, bye-bye.

〈Rule〉

① You can write your own question in the center.

② You can ask the same person more than once.

③ You cannot get signatures from the same person more than once.

④ Try to fill in all the boxes!

Class____ No.____ Name________________

Let's interview! Bingo

eat-ate-eaten	buy-bought-bought	decide-decided-decided
Name：	Name：	Name：
do-did-done		decide-decided-decided
Name：	Name：	Name：
swim-swam-swam	change-changed-changed	wear-wore-worn
Name：	Name：	Name：

〈Word list〉
かき氷：shaved ice　水着：a swim suit　花火：fireworks　洋服：clothes

Task11　I'm glad to hear that.

不定詞の副詞的用法　気持ちを伝えよう！

目標　不定詞の副詞的用法（感情の原因）を使って，自分の気持ちを表現できるようになる。

時間　30分

準備物　ワークシート，タイマー

1．タスクの進め方

○Pre-task

1．Step1として，ペアで不定詞の副詞的用法が使われている文章を読ませ，不定詞の副詞的用法を導入する。

> We had term tests last week.
> Our math teacher said to us, "Students in your class (did / didn't do) a very good job on the math test!". I was happy to hear that.
> ※同様に残り２問も読ませる。

2．Step2として，不定詞の副詞的用法（感情の原因）の形式と意味を生徒に気づかせる。

○Task

1．Step3として，生徒に，ビンゴのマスに書かれている行動に合う気持ちを語群から選ばせ，（　　）に書かせる。

2．教師は，Model Dialog を ALT と紹介する。

3．時間内に，生徒同士でインタビューをさせて，自分と同じ気持ちの人を見つけさせる。

4．教師は，ビンゴがいくつできたのかクラスで確認する。

5．Step4として，友達のことについて英文を書かせる。

2．ワンポイント・アドバイス

・インタビューの際は，英語使用を徹底する。

・同じ人に何度聞いてもよいが，ビンゴのマスに同じ人の名前は一度しか書けないことにする。

・Model Dialog に慣れてきたら，見ないように指示する。

（Yoshi ゼミ）

Class___ No.___ Name______________

Work Sheet

I'm glad to hear that.
気持ちを伝えよう！

Step1 当てはまる方に○をつけよう！

(1)
We had term tests last week.
Our math teacher said to us, "Students in your class (did / didn't do) a very good job on the math test!"
I was happy to hear that.

(2)
Our science teacher was absent this week because he (had / didn't have) a cold.
He can't teach us science.
I am sorry to hear that.

(3)
There was a rugby game in Aichi.
When I was at Nagoya Station,
I (met / didn't meet) Ayumu Goromaru.
I was surprised to see him.

Step2 Grammar Point

◎ I was happy to hear that.
（意味：　　　　　　　　　　　　　　　　　　）

★主語＋ be 動詞＋（　　　　　　）＋ to ＋動詞の原形 〜.
→（　　　　　　　　）という意味になり（　　　　　）を表す。

Class____ No.____ Name______________________________

Step3 Let's Bingo!

〈Model Dialog〉
（じゃんけんをする。）
A（Winner）：How do you feel when you ____________ ?
B（Loser）：I'm ________ to ________ .

【同じ場合】
A：Really? Me, too! I'm ________ to ________ . Please write your name.
B：Ok, here you are! How about you? How do you feel when you ____________ ?
A：I'm ________ to ________ .
B：Really? Me, too! I'm ________ to ________ . Please write your name.
A：Thank you! See you.
B：See you!

【違う場合】
A：Ok, thank you.
B：You're welcome! How about you? How do you feel when you ________ ?

Step4 Let's write!

例にならって，友達のことについて英文を書こう。

Ex）Kento is excited when he plays soccer.

(1) ____

(2) ____

(3) ____

(4) ____

Class____ No.____ Name______________________

BINGO!

芸能人 meet an entertainer ( ) Name：	watch movies  ( ) Name：	read books  ( ) Name：
play soccer  ( ) Name：	sleep a lot  ( ) Name：	play with friends  ( ) Name：
do homework  ( ) Name：	財布 lose your wallet ( ) Name：	study English  this morning ( ) Name：

〈語群（形容詞）〉

happy　sad　surprised　excited　bored（つまらない）

Task12　My best memory（Review）

現在完了形（経験）②，過去形　わたしの思い出

目　標　自分の旅行の思い出を英語で多くの人と話し合えるようになる。

時　間　50分×２

準備物　ワークシート，Memo，Fun Essay シート，評価表１・２，タイマー

1．タスクの進め方

○Pre-task

1．教師は生徒に２人１組の Speaking test を行うことおよび Fun Essay の連絡をする。Speaking test については，当日までだれと当たるかはわからないことを伝える。また，Speaking test と Fun Essay の評価基準を伝える。

2．Step1として，教師は，ケンの思い出についての文章を読ませ，それに対する質問に答えさせる。

3．Step2として，Mind map を用いて生徒がどこに行ったことがあるのかを書かせる。

4．Step3として，生徒の思い出に残っている場所について，４つの質問に答えさせる。

○Task

1．Step4として，Model Dialog を導入する。

2．ペアを変えて，６回練習する。１回ごとにペアで会話が終わったら，内容について表に記入させる。３回目からは，Model Dialog を見ないで会話をさせる。

2．ワンポイント・アドバイス

・何回か練習をした後，ワークシートを見ずに会話ができるように指示をする。

・Speaking test を待っている間は，自分の思い出についての Fun Essay を書かせる。

（Yoshi ゼミ）

Class____ No.____ Name______________________

Work Sheet

My best memory
わたしの思い出

Step1 Let's read Ken's essay!

〈Ken's essay〉

I have been to Himaka-jima once. I went there with my friends. In Himaka-jima, I did fishing. I have done fishing three times. So, I did fishing well.

I saw dolphins. I have touched them twice. We can touch dolphins in Himaka-jima.

This is my best memory!

Q1. Where has Ken been?

____

Q2. What did he do there?

____

Q3. How many times has Ken done fishing?

____

Q4. What can we do there?

____

Step2 Where have you been?

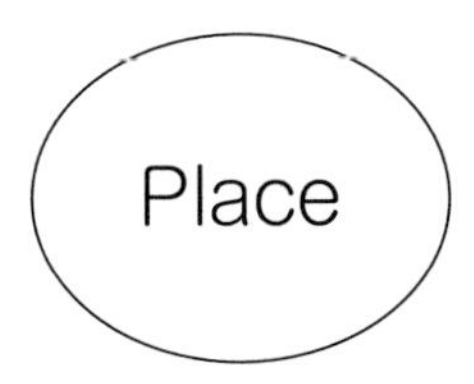

Class____ No.____ Name______________________

Step3 Answer about your best memory!

(1) What's your best memory about your trip?

____.

(2) How was it?

____.

(3) What did you do?

____.

(4) How many times have you been there?

____.

Step4 Let's talk with our classmates!

〈Model Dialog〉

Hello, how are you?

I'm (fine / good / not bad). And you?

A : What's your best memory about your trip?

B : My best memory is a trip to Hyogo.

A : Oh, nice! How was it?

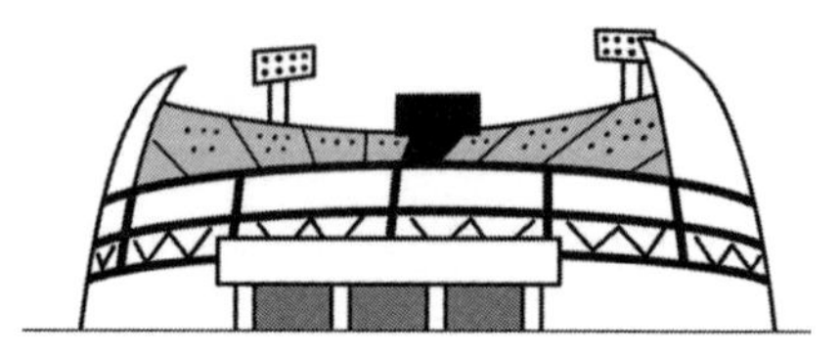

B : It was good.

A : What did you do there?

B : I went to Koshien to watch baseball games.

A : How did you feel?

B : I was very excited to watch baseball games.

Sounds great! How many times have you been there?

B : I have been there three times.

A : Three times. That's nice!

B : How about you? What's your best memory about your trip?

* Change your role.

A : Nice talking with you.

B : You, too.

Class____ No.____ Name______________________

【Memo】

Name Q：best memory What did you do? How did you feel? How many times?	Name Q：best memory What did you do? How did you feel? How many times?
Name Q：best memory What did you do? How did you feel? How many times?	Name Q：best memory What did you do? How did you feel? How many times?
Name Q：best memory What did you do? How did you feel? How many times?	Name Q：best memory What did you do? How did you feel? How many times?

Class____ No.____ Name______________________________

Fun Essay:

Class____ No.____ Name________________________

【評価表１：Speaking test】

Categories（項目）	Criteria（評価基準）	Points（得点）
関心・意欲・態度	・大きくはっきりした声で話せた。 ・アイコンタクトを積極的に行ったり，あいづちをうったりして関心を表した。	3
	声の大きさはよかったが，アイコンタクトやあいづちといった関心を少ししか表せなかった。	2
	・声の大きさ，アイコンタクトが不十分だった。 ・あいづちをうったり，関心を表せなかった。	1
正確さ	文法項目を正しく使うことができた。	5
	所々文法に誤りがあったが，内容を理解することはできた。	3
	文法がほとんど正しく使えていなかった。	1
Communication Strategies	opener（How are you? などのはじめのあいさつ），shadowing（くり返し），rejoinders（あいづち），closer（Nice talking with you.）など，すべての Communication Strategies を適切に使えた。	5
	すべての Communication Strategies を使えてはいなかったが，会話はスムーズに続いた。	3
	Communication Strategies がほとんど使えておらず，会話に沈黙が時々あった。	1
内容＆流暢さ	２分間，会話をスムーズに続けることができ，回答内容も十分だった。	7
	２分間，会話はスムーズであったが，回答内容が一部不十分であった。	5
	２分間，会話の間に時々沈黙があり，回答内容が不十分であった。	3
	２分間，会話が続かなかった。回答内容も不十分だった。	1

／20

【評価表２：Fun Essay】

Categories（項目）	Criteria（評価基準）	Points（得点）
内容／正確さ	自分の思い出についてすべての質問に答えており，文法の誤りもほとんどない。	10
	自分の思い出についてすべての質問に答えているが，文法の誤りが少しある。	8
	自分の思い出について十分に答えていない。また，文法の誤りがいくつもある。	6
	自分の思い出について十分に答えていない。また，文法の誤りが多く見られる。	4
	文法の誤りが多く見られ，内容があまり理解できない。	2
文の長さ	50語以上書かれている。	5
	40語以上書かれている。	4
	30語以上書かれている。	3
	20語以上書かれている。	2
	10語以上書かれている。	1
デザイン	イラストに色が塗ってあって，きれいに仕上がっている。	5
	イラストはかいてあるが，色は塗っていない。	3
	イラストをほとんどかいていない。	1

／20

Task13 How to wear kimono

how to ～① 人数を予想しよう！

目　標　タスクを通して，"how to 動詞の原形" の意味を理解し，使えるようになる。
時　間　30分
準備物　ワークシート

1．タスクの進め方

○Pre-task

1．Step1として，教師がhow to ～を用いた文章を４つ紹介する。生徒は文章を読んで'know' か 'don't know' を選ぶ。
2．Step2として，Step 1で用いた文章を 'know' と 'don't know' のカテゴリーにわけさせる。
3．Step3として，how to ～の形式と意味を生徒に気づかせる。

○Task

1．Step4として，ワークシートの質問事項について，クラスの中で何人の生徒が "Yes." と答えるか予想させ，人数を書かせる。
2．６人グループを作り，３ペアを作る。Model Dialogを参考に，お互いに１つ目の質問をさせる。グループ全員に質問をさせたら，次の人に２つ目の質問をさせる。このようにしてシートにあるすべての質問について，グループの人に尋ねさせて，ペアで会話活動をさせる。
3．すべての質問が終わったところで，自分の予想を変えていいことを伝える。
4．最後に，教師がクラス全体に１つずつ質問をする。"Yes." の生徒に挙手させ，その人数を数える。予想がたくさん当たった生徒が勝ちとする。

2．ワンポイント・アドバイス

・先生がクラス全体に確認する時，"Yes." と手を挙げた生徒に，"Yes, I do. I know how to ～." と言わせてもよい。

（Yoshi ゼミ）

Class____ No.____ Name________________________

Work Sheet

How to wear kimono

人数を予想しよう！

Step1　英文を読んで，当てはまる方に○をつけよう！

Japanese traditional dress is *kimono.*
I cannot wear *kimono* by myself.
Wearing *kimono* is difficult.
I（ know / don't know ） how to wear *kimono.*

One of the Japanese foods is *temaki-zushi.*
I have made *temaki-zushi* three times.
So, I（ know / don't know ） how to make *temaki-zushi.*

Japanese people play *koma* in New Year Day.
I have played *koma* many times.
I can play *koma* very well.
So, I（ know / don't know ） how to play *koma.*

Sumo is a famous sport in Japan.
Sumo has a lot of *skills.　　＊技
I don't know them. I have never done *sumo.*
So, I（ know / don't know ） how to do *sumo.*

Class____ No.____ Name________________________

Step2 カテゴリーわけをしよう！

Step1を読んで知っていることと知らないことをわけよう！　英語で書こう！

I know	I don't know ....

Step3 Grammar Point

◎ I know how to make *temaki-zushi.*

（意味：　　　　　　　　　　　　　　　　　　　　　　　　　　　　　　）

◎ I don't know how to wear *kimono.*

（意味：　　　　　　　　　　　　　　　　　　　　　　　　　　　　　　）

★ how to+ 動詞の原形で（　　　　　　　　　　　　）という意味になる！

Step4 人数を予想しよう！

(1) 友達で次ページの表のことを知っている人が何人いるか，予想しよう！　自分が知っているか，知らないかも記入しよう！（知っている→○，知らない→×）だれが多く予想を当てられるかな？

Class____ No.____ Name____________________

	Your answer	予想人数	Group 結果	Class 結果
① how to wear *kimono*				
② how to make *temaki-zushi*				
③ how to play *koma*				
④ how to do *sumo*				
⑤ how to make *datemaki*				
⑥ how to wear *yukata*				
⑦ how to make miso soup				
⑧ how to play *hanetsuki*				
⑨ how to do judo				
⑩ how to play *menko*				

(2) 6人グループになって，Model Dialogを使って調査をしよう！ Yesと答えた人の数を「正」を使って数えよう！

〈Model Dialog〉

A：Do you know how to wear *kimono*?

B：Yes, I do. I know how to wear *kimono*. / No, I don't. I don't know how to wear *kimono*.

How about you? Do you know how to wear *kimono*?

A：Yes, I do. I know how to wear *kimono*. / No, I don't. I don't know how to wear *kimono*.

B：I see. Thank you.

＊ Change your role.

注意！
同じ質問をグループの人全員にしてから，次の質問をしよう！

(3) 予想をもう一度考えよう！

(2)でやった調査をもとに，予想を変えてもOK！

(4) 自分の予想は当たっているかな？ 先生と一緒にクラスの実態調査をしよう！

Task14 It's easy for me to play volleyball.

It is ~ for ... to ... どんな感じ？

目 標 It is ~ for ... to ... の意味を知り，使えるようになる。
時 間 30分
準備物 ワークシート

1. タスクの進め方

○Pre-Task

1. Step1として，生徒にワークシートにある３つの吹き出しを読ませ，それぞれだれが言っている文章かを選択肢から選ばせる。

（例）
I practice rugby every day.
I started playing rugby when I was six years old.
Playing rugby is fun. So, it is fun for me to play rugby. Who am I?

2. Step2として，各項目に対する自分の気持ちを選ばせ，Model Dialog を基にペアワークをさせる。相手の名前と答えをメモさせる。
3. Step3として，It is ~ for ... to ... の形式と意味を生徒に気づかせる。

○Task（BINGO ゲーム）

1. Step4として，ビンゴの中の項目に対する自分の答えに○をつけさせる。
2. Model Dialog を基にインタビューをさせる。自分と同じ答えなら，その枠内の絵に○をつけさせ，相手の名前を書かせる。
3. 早くビンゴした人（１列そろえた人）が勝ち。
4. Step5として，インタビューの結果を基に英文を書かせる。

2. ワンポイント・アドバイス

・インタビューの際，１人に対して質問できるのは１回のみで，英語使用を徹底させるとよい。

（Yoshi ゼミ）

Class____ No.____ Name______________________

It's easy for me to play volleyball.

どんな感じ？

Step1 だれかな？

(1) (　　)

I practice rugby every day.
I started playing rugby when I was six years old.
Playing rugby is fun. So, it is fun for me to play rugby.
Who am I?

(2) (　　)

I am a comedian.
I like reading books. I wrote "Hibana" in 2015.
Writing a novel was interesting.
So, it was interesting for me to write a novel.
Who am I?

(3) (　　)

I am a member of AKB48.
We are not allowed to make a boyfriend.
It is difficult.
So, it is difficult for me to make a boyfriend now.
Who am I?

＊ Choose a picture. Who am I?

柏木由紀の写真	ローラの写真	又吉直樹の写真	五郎丸歩の写真	本田圭佑の写真
A	B	C	D	E

Class____ No.____ Name____________________

Step2 Choose one and circle your answer.

what	me	1.friend ( )	2.friend ( )
playing basketball	fun / hard easy / difficult	fun / hard easy / difficult	fun / hard easy / difficult
listening to music	fun / interesting exciting / boring	fun / interesting exciting / boring	fun / interesting exciting / boring
reading comics	fun / interesting exciting / boring	fun / interesting exciting / boring	fun / interesting exciting / boring
cooking	interesting / boring difficult / easy	interesting / boring difficult / easy	interesting / boring difficult / easy
studying math	boring / interesting difficult / easy	boring / interesting difficult / easy	boring / interesting difficult / easy

〈Model Dialog〉

A：I (like / don't like) playing basketball.

It is fun. So, it is fun for me to play basketball.

How about you?

* Change your role.

Step3 Grammar Point

◎ It is fun for me to play rugby.

(意味：)

It is ( ) for ( ) to ( ).

→ ______________________________

It → ______________________________

★疑問形は________を__________に！

→全文：______________________________

Class____ No.____ Name______________________

Step4 Let's try! BINGO

play volleyball easy / difficult Name：	run fast easy / difficult Name：	cook interesting / hard Name：
play the piano easy / difficult Name：	use a computer easy / hard Name：	memorize（記憶） vocabulary easy / hard Name：
do club activities exciting / troublesome（面倒な） Name：	shop exciting / boring Name：	watch soccer games exciting / boring Name：

〈Model Dialog〉

A&B：Hello. How are you?

A ：Is it easy for you to play volleyball?

B ：Yes → Yes, it is easy for me to play volleyball.

No → No, it is difficult for me to play volleyball.

How about you?

A ：OK. It is easy for me to play volleyball.

Great!
Sounds nice!
Me, too!
Really?...

Step5 It is ~ for ... to ... を使って，友達と話したことを文章にしてみよう！

(1) ______________________

(2) ______________________

(3) ______________________

(4) ______________________

(5) ______________________

Task15　Japanese culture（Review）

how to ～②　自分の好きな日本文化を紹介しよう！

目標　タスクを通して，how to ～を使って，自分の好きな日本文化を紹介できるようになる。

時間　50分×2

準備物　ワークシート，評価表1・2，タイマー

1．タスクの進め方

○Pre-Task

1．教師は生徒に2人1組のSpeaking testを行うことおよびFun Essayの連絡をする。Speaking testについては，当日までだれと当たるかはわからないことを伝える。また，Speaking testとFun Essayの評価基準を伝える。

2．Step1として，教師は，日本の文化について生徒にMind mapを書かせる。

3．Step2として，好きな日本文化について1つ選ばせ，4つの質問に英語で答えさせる。

○Task

1．Step3として，教師はALT（または生徒）とModel Dialogを導入する。

2．Step4として，ペアを変えて5回練習する。実際のテスト時間同様，2分間計りながらSpeaking testの練習をする。1回ごとにペアで会話が終わったら，内容について表に記入させる。3回目からは，Model Dialogを見ないで会話をさせる。

2．ワンポイント・アドバイス

・Model Dialogを導入した後，Communication Strategiesの練習をするとよい。

・Speaking testを待っている間は，自分の好きな日本文化についてのFun Essayを書かせる。

（Yoshiゼミ）

Class____ No.____ Name______________________

Work Sheet

Japanese culture
自分の好きな日本文化を紹介しよう！

Step1　あなたの知っている日本文化を書こう！

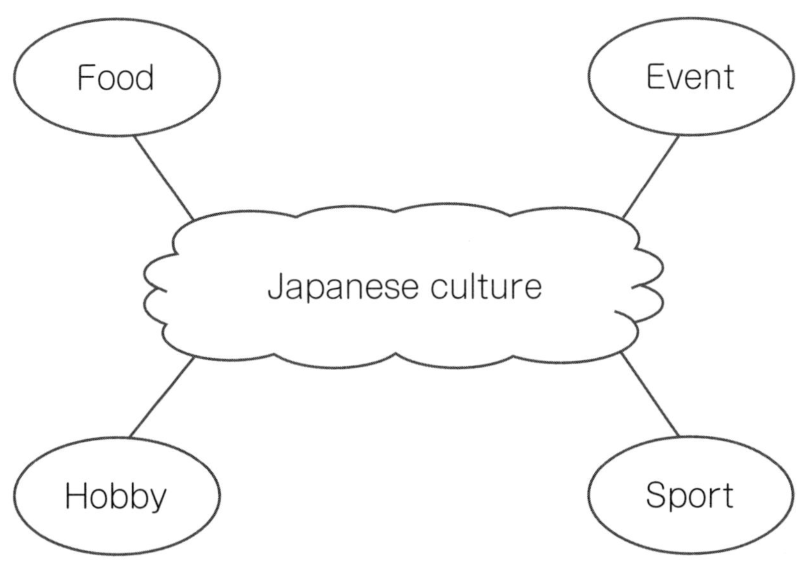

Step2　あなたが好きな日本文化について紹介しよう！

(1)　What Japanese culture do you like?

____

(2)　Why do you like it?

____

(3)　When can we enjoy it?

____

(4)　Please tell me how to (play / use / do / make / enjoy / wear /________) it.

____

Class____ No.____ Name________________________

Step3 Let's introduce Japanese culture!

〈Model Dialog〉

A：Hello, ○○. How are you today?
B：Hello, ○○. I'm good. Thank you, and you?
A：I'm happy, thank you.
B：What Japanese culture do you like?
A：I like the star festival.
B：The star festival. Nice!
Why do you like the star festival?
A：Because it is very romantic.
B：Uh-huh. That's great.
When can we enjoy the star festival?
A：We can enjoy the star festival on July 7th.
B：I see.
Please tell me how to enjoy the star festival.
A：Sure.
We make and decorate "*Tanzaku*" to make a wish and enjoy the star festival.
B：Sounds nice!
A：How about you? What Japanese culture do you like?
＊ Change your role.
A：Nice talking with you.
B：Nice talking with you, too.

〈Communication Strategies〉 たくさん使おう！

あいづち	I see. Uh-huh. Really? Nice! OK. Good. Wow!
コメント	I see (understand). That's good! Sounds nice!
聞き取れなかった時	Pardon (me)? Could you say that again, please?
くり返し (Shadowing)	A：I like the star festival. B：The star festival.

Class____ No.____ Name______________________

Step4 Let's summarize! 友達が紹介した日本文化をまとめよう！

Qustion / Name	What Japanese culture do you like?	Why do you like it?	When can we enjoy it?	How to (play/use /do / make /wear enjoy/)?
①				
②				
③				
④				
⑤				

Class____ No.____ Name______________________

Step5 写真を貼って（または絵をかいて），日本文化を紹介しよう（50語以上）。

Fun Essay:

語数の合計を書こう

語

Class____ No.____ Name________________________

【評価表1：Evaluation Form（Speaking test）】

(1) 流暢さ

項目	評価基準	得点
表現の能力	・2分間，スムーズに話し続けることができた。 ・Communication Strategies を多く使うことができた。	7
	・2分間，おおむねスムーズに話し続けることができた。 ・Communication Strategies を少し使うことができた。	5
	・2分間，時々沈黙があったが，最後まで話し続けることができた。 ・Communication Strategies を少し使うことができた。	3
7点	・2分間，話し続けることができなかった。 ・Communication Strategies を使うことができなかった。	1

(2) 内容

項目	評価基準	得点
表現の能力	4つの観点（What，Why，When，How）について明確に話すことができた。	5
	4つの観点についておおむね明確に話すことができた。	3
5点	4つの観点について内容が不明瞭であった。	1

(3) 正確さ

項目	評価基準	得点
表現の能力	語彙の選択や文法，発音に間違いがほとんどなかった。	5
	語彙の選択や文法，発音にいくつか間違いがあったが，言いたいことが理解できた。	3
5点	語彙の選択や文法，発音に間違いが多くあった。	1

(4) 態度

項目	評価基準	得点
関心・意欲・態度	・大きな声ではっきりと話すことができた。 ・アイコンタクトを積極的にとりながら相手の話を聞くことができた。	3
	・相手に聞こえる程度の声で話すことができた。 ・アイコンタクトは少ししかとれなかったが，相手の話を聞くことができた。	2
3点	・相手に聞こえにくい声で話した。 ・アイコンタクトがとれず，相手の話も積極的に聞くことができなかった。	1

／20

Class____ No.____ Name____________________________

【評価表２：Evaluation Form（Fun Essay)】

(1) デザイン

項目	評価基準	得点
表現の能力	・写真や絵を用いてきれいにまとめられている。 ・色の配色や文字位置を工夫して伝わりやすくなっている。	3
	・絵を使ってきれいにまとめられている。 ・色を用いて作られている。	2
	絵はないが文章が書かれている。	1
3点	Fun Essay が書かれていない。	0

(2) 正確さ

項目	評価基準	得点
表現の能力	既習文法事項を正しく使い言いたいことがまとめられている。	3
	既習文法事項を少し間違って使っているが，言いたいことがまとめられている。	2
	既習文法事項を正しく使うことができなかったが，何とか意味を通じさせることができた。	1
3点	文法がほとんど正しく使えていなかった。	0

(3) 語数

項目	評価基準	得点
関心・意欲・態度	50語以上書けていた。	4
	40語以上書けていた。	3
	30語以上書けていた。	2
	20語以上書けていた。	1
4点	10語以上書けていた。	0

／10

Task16　My dream, my future（Review）

現在完了形，不定詞，動名詞，will，Why? Because　わたしの将来の夢

目標　将来の夢について話したり，書いたりすることができるようになる。

時間　50分×２

準備物　ワークシート，将来の夢についての写真，評価表１・２，タイマー

1．タスクの進め方

○Pre-task

1．Step1として，教師とALTのModel Dialogを聞かせ，内容に関する質問に答えさせる。ペアで答えを確認させてから，全体で確認する。

2．Step2として，Mind mapで，将来の夢について日本語でまとめさせる。

〈Model Dialog〉

A：Hi, ○○.

B：Hi, ○○.

A：What do you want to be in the future?

B：I want to be a singer.
　I have loved music since I was a child.

A：What do they do?

B：They sing songs on TV and stage.
　Some singers also write songs.

A：Why do you want to be a singer?

B：Because I love singing and want to make people happy with my songs.

A：Do you think it is difficult to become a singer?

B：Yes, it is. It is difficult to become a singer.

A：What will you do to become a singer?

B：I will learn singing and take a lot of auditions.

A：What else do you want to do in the future?

B：I want to travel around the world.
　I want to visit many different countries.

3．Step3として，質問に答える形で，将来の夢（Mind mapで書いたものの中から１つ選ぶ）について書かせる。

4．ペアで将来の夢について話す Speaking test，Fun Essay を行い，評価することを告知する。評価基準を示し，どのようなことができればよいかを生徒に伝える。

○Task

1．Speaking test の Model Dialog を教師とボランティアの生徒でやってみせる。

2．Step4として，Speaking test の練習を兼ねて，Speaking test の会話を練習させる。ワークシートを見ずに話せるようにするため，1回目はワークシートを見て，2回目はワークシートをなるべく見ずに，3回目以降はワークシートを見ずに話すように指示を出す。会話が終わった後で，ワークシートにわかったことをメモさせる。

3．Fun Essay の例を見せて，書き始めるように指示する。

2. ワンポイント・アドバイス

・Model Dialog は，ALT との会話をあらかじめ録画（または録音）しておくか，過年度の Speaking test の様子を撮影したものを見せるとよい。

・Speaking test を待っている間は，自分の将来の夢についての Fun Essay を書かせるとよい。

（福元有希美）

Class____ No.____ Name______________________

Work Sheet

My dream, my future
わたしの将来の夢

Step1　先生たちの会話を聞いて，表にまとめよう！

①　なりたい職業は？ どんな仕事？	
②　どうして？	
③　夢の実現はむずかしい？ 実現させるために何をする？	

Step2　なりたい職業や将来やってみたいことをまとめよう！

職業の説明，その職業につきたいと思った理由やきっかけ（興味があること，ずっと続けていること，憧れの人など），その職業につくために何をしようと思っているかなど，なるべくくわしく書いてみよう。

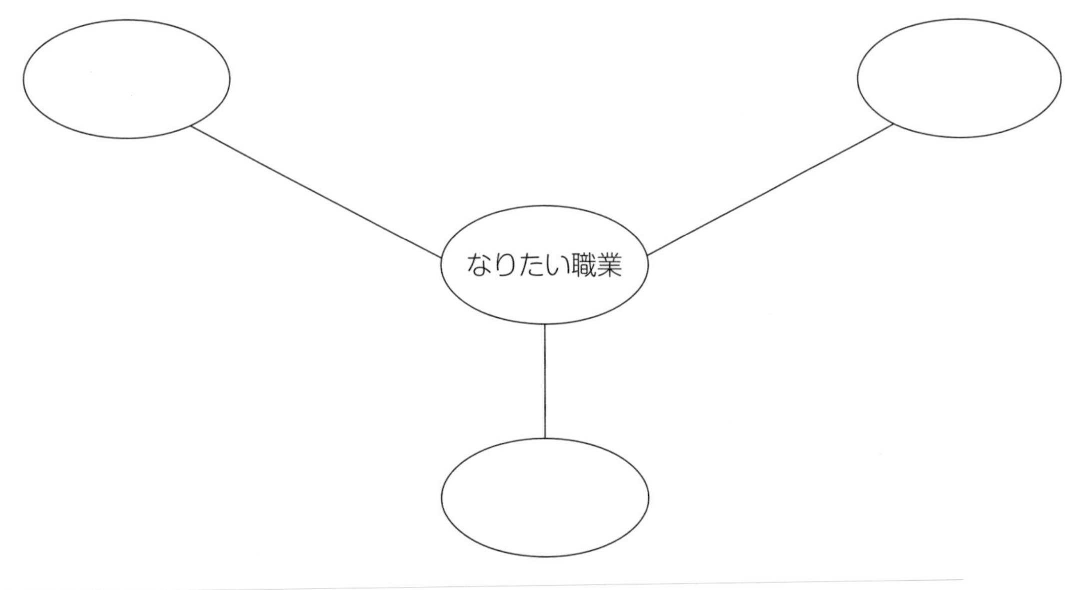

Class____ No.____ Name____________________

Step3 あなた自身について，質問に答えよう！

〔(　　) 内は，自分のなりたい職業を書こう〕

(1) What do you want to be in the future?

____

(2) What do they do?

____

(3) Why do you want to be (　　　　　　　　) ?

I ______________________________

(4) Do you think it is difficult to become (　　　　　　　　) ?

____

(5) What will you do to become (　　　　　　　　) ?

I ______________________________

(6) What else do you want to do in the future?

I ______________________________

Step4 Communication Strategies を使いながら，英語だけで会話しよう！

名前	わかったこと
さん	
さん	
さん	

〈Communication Strategies〉

間をつなぐ（えーと。あの～。）Well ... Um ... Uh ... Hmm ... Let's see.

相手の言ったことを確かめる（シャドーイング）（例）What do they do? → What?

相手の言ったことにうなずく（ええ。うんうん。そのとおり。）Yes. Uh-huh. That's right.

驚きを伝える（え，本当に？　わぁ，すごいね！）Oh, really? Wow!

興味を示す（私も。面白いね。いいね。）Me, too! That's interesting! That's great!

Class____ No.____ Name______________________________

Step5　写真を貼って（または絵をかいて），将来の夢についてもっとくわしく書こう（50語以上）。

Fun Essay:

語数の合計を書こう

語

Class____ No.____ Name________________________

【評価表1：Speaking test】

項目		評価基準	得点		
関心意欲態度	〈積極性〉笑顔・アイコンタクト 2点	1．アイコンタクトをしながら自然な笑顔で英語を話すことができたか	A（2）両方ともできた	B（1）どちらかはできた	C（0）ひとつもできなかった／ワークシートを見た
	〈話し方〉声の大きさ 2点	2．はっきりと聞こえる大きな声で話すことができたか	A（2）はっきり聞こえた	B（1）一応聞こえた	C（0）聞こえづらかった
表現	〈話し方〉発音 2点	3．英語らしい発音で話すことができたか	A（2）英語らしい発音でできた	B（1）カタカナ英語になる時があった	C（0）カタカナ英語が多かった
	〈CSの活用〉あいづち・シャドーイング 3点	4．あいづちやシャドーイングを使って自然な会話にすることができたか	A（3）何度もあいづちやシャドーイングを使った	B（2）一度はあいづちやシャドーイングを使った	C（1）使えなかった／ワークシートを見た
	〈流暢さ〉 3点	5．ワークシートを見ずに，3分間，スムーズに会話を続けることができたか	A（3）沈黙はほとんどなかった	B（2）時々沈黙があった	C（1）沈黙が多かった／ワークシートを見た
	〈言語材料の活用〉 4点	6．疑問文の意味を理解し，正確に答えることができたか	A（4）疑問詞の意味をすべて理解し，ほぼすべて正確に答えることができた	B（3）疑問詞の意味はすべて理解できていたが，正確に答えられない時があった	C（1）あまり正確に答えられなかった／ワークシートを見た
	〈言語材料の活用〉 4点	7．これまでに習った文法を正しく使って話すことができたか	A（4）だいたい正確な文法で話せた	B（3）時々間違えることはあったが，意味は十分に伝わった	C（1）間違いが多く，意味が伝わらないことも多かった／ワークシートを見た
		総合判定	A$^+$ / A / A$^-$ すばらしかった	B$^+$ / B / B$^-$ よくできた	C$^+$ / C / C$^-$ 次はがんばろう

話し方・態度：　6点

CSの活用・流暢さ：　6点

言語材料の正確な活用：8点

計20点

／20

Class____ No.____ Name________________________

【評価表2：Fun Essay】

Categories （項目）		Criteria （評価基準）	Points （得点）
関心 意欲 態度	ていねいさ 5点	写真を貼って（または絵をかき），色を使って美しく仕上げている。字は，ペンできれいに清書して，下書きもきちんと消してある。	A（5）
		写真を貼って（または絵をかき），絵に色を塗っている。字は，鉛筆で読みやすくていねいに書いている。	B（3）
		写真がない。または絵に色を塗っていない。字が乱雑で，読みにくい。	C（1）
表現	内容 ・ユニークさ ・文のまとまり 5点	モデル文を活用した英文以外にも，自分で考えたオリジナルの英文をたくさん入れて，とても個性的な内容になっている。文の流れもスムーズで，まとまりがある。	A（5）
		モデル文を活用して，個性的な自己表現ができている。ただし，自分で考えたオリジナルの英文が少なかったり，文の流れが悪くわかりにくかったりするところがある。	B（3）
		モデル文を写したようなものが多く，内容にあまり個性を感じられない。	C（1）
	言語材料の活用 ・活用する力 ・正確さ 5点	これまでに習ったいろいろな文法や表現を使っており，その使い方もほぼ正確で，十分に理解できる。	5
		モデル文で使われている文法や表現を正確に活用し，自分の言いたいことを表現している。	4
		モデル文をそのまま写している。モデル文を活用しているが，間違いがあり，意味の理解がむずかしい。	2
関心 意欲 態度	ボーナス点	（英作文の語数）÷20	

／15＋ボーナス点

Task17　Do you know these?

現在分詞と過去分詞　マッチング・ゲーム

目　標　分詞の形容詞的用法を学び，現在分詞と過去分詞の使い分けができるようになる。

時　間　30分

準備物　ワークシート，カード１・２

1．タスクの進め方

○Pre-task

1．Step1として，ワークシートに書かれている英文を個々に読ませ，何についての記述か答えさせる。

2．ペアで答え合わせをさせる。

3．Step2として，現在分詞と過去分詞の形容詞的用法の形式と意味を生徒に気づかせる。

○Task

1．Step3として，３，４人のグループを作り，カード１（ヒント）とカード２（答え）を配る。

2．Model Dialog を紹介し，ゲームのルールを説明する。(生徒は，カードを２枚めくり，文章が作れたらそのカードをもらえる)。正誤問わず一度引いたら次の人に交代させる。

3．各グループで順番を決めさせ，ゲームを始めさせる。

4．教師は，各グループで，時間内に一番多くとれた生徒に手を挙げさせる。

5．Step4として，このタスクで使った表現を英語で書かせる。

2．ワンポイント・アドバイス

・カードをすべてめくり終えたグループが出たら，そのグループの生徒たちにこの活動で使った表現を先に書くように指示する。

（Yoshi ゼミ）

Class____ No.____ Name______________________

Work Sheet

Do you know these?

マッチング・ゲーム

Step1 Let's think!

<table>
<tr>
<td>

1．This is a food.
2．It is made from milk.
3．When we make a pizza, we use it.

What is this?
(cheese / yakult)

So, (cheese / yakult) is a food made from milk.
</td>
<td>

1．This is an animal.
2．It lives on the ground.
3．This animal has a long nose.

What is this?
(an elephant / a lion)

So, (an elephant / a lion) is an animal living on the ground.
</td>
</tr>
<tr>
<td>

1．This is a person.
2．He taught English in high school.
3．He is from America.

Who is he?
(Mr. Crane / Mr. Ohashi)

So, (Mr. Crane / Mr. Ohashi) is a person teaching English.
</td>
<td>

1．This is a person.
2．She was born in the Heian period.
3．She wrote the Tale of Genji.

Who is she?
(Sei Shounagon / Murasakishikibu)

So, (Sei Shounagon / Murasakishikibu) is a person born in the Heian period.
</td>
</tr>
</table>

Class____ No.____ Name______________________

Step2 Grammar Point

◎ This is a food made from milk.
（意味：　　　　　　　　　　　　　　　　　　　　　　　　）

◎ Mr. Crane is a person teaching English.
（意味：　　　　　　　　　　　　　　　　　　　　　　　　）

1．made from milk が a food を（　　　　　　　　　　　）。
2．teaching English が a person を（　　　　　　　　　　）。

★過去分詞を使う時は（～　　　　　　…）という意味になる。
★現在分詞（...ing 形）を使う時は（～　　　　　　…）という意味になる。

Step3 Matching Game!

〈Model Dialog〉

Ex1)
Card 1 ：This is a boy.
Card 2 ：He is sleeping on the bed.
So ...
This is a boy sleeping on the bed.
↓
You can get the cards!
Next turn ....

Ex2)
Card 1 ：This is an animal.
Card 2 ：It is built in 1958.
So ...
This is an animal built in 1958.
↓
You cannot get the cards.
Turn over these cards.
Next turn ....

Step4 このタスクで使った英文を書こう。

(1) ______________________
(2) ______________________
(3) ______________________
(4) ______________________
(5) ______________________

【カード1】

 This is a place.	 This is a girl.
 This is a museum.	 This is an animal.
 This is a boy.	 This is a sword.
 This is a girl.	 This is a food.
 This is an animal.	 This is a food.
 This is a boy.	 This is a book.

【カード2】

She is playing tennis. 	It is made from soybeans. 
It lives in the sea. 	It is made from milk. 
He is watching a TV now. 	It is written by Osamu Dazai. 
She is listening to music. 	It is played a baseball game yesterday. 
It is running with a boy. 	It is built in 1958. 
He is sleeping in his bed. 	It is used in the Edo period. 

Task18　I know what she likes.

間接疑問文①　だれのことか当てよう！

目　標　間接疑問文の意味と使い方を覚え，使えるようになる。
時　間　30分
準備物　ワークシート，情報記入カード，タイマー

1．タスクの進め方

○Pre Task

1．Step1として，生徒に２人の英文を読ませて表を埋めさせる。
2．ペアで答えを確認させる。
3．Step2として，教師は英文を読んで，生徒に適語を選ばせる。
4．Step3として，間接疑問文の形式と意味を生徒に気づかせる。

○Task

1．Step4として，自分の情報をカードに書かせる。（名前，誕生日，住んでいる所，好きな食べ物，部活，趣味。）
2．教師は，一旦カードを回収して，生徒に配り直す。（生徒は自分の書いた情報とは違うカードを持っている。）
3．Model Dialog を紹介し，ルールを説明する。ヒントの数によって点数が変わる。
　（３点：ヒント３つ，２点：ヒント４つ，１点：ヒント５つ，０点：３回間違えた）
4．時間内に，できるだけ多くの友達と会話をさせ，得点を競わせる。

2．ワンポイント・アドバイス

・英語使用を徹底させる。慣れてきたら，Model Dialog を見ないように指示する。

（Yoshi ゼミ）

Class____ No.____ Name______________________________

Work Sheet

I know what she likes.

だれのことか当てよう！

Step1　２人の会話を読んで表に情報を書き入れよう！

浅田真央
の写真

①　名前　浅田　真央

住んでいる所　______________________

誕生日　______________________

好きなもの　______________________

M：Mika
K：Ken

M：Hi, Ken. Where does Mao Asada live?
K：She lives in Aichi.
M：I see.　I'll ask you again.
　Do you know **where she lives**?
K：Yes, I do.　She lives in Aichi.
M：Next, when was she born?
K：She was born on September 25 in 1990.
M：Ok.　I'll ask you again.
　Do you know **when she was born**?
K：Yes, I do.　She was born on September 25 in 1990.
M：Last, what does she like?
K：She likes "*Yakiniku.*"
M：I see.　I'll ask you again.
　Do you know **what she likes**?
K：Yes, I do.　She likes "*Yakiniku.*"

Class____ No.____ Name____________________

二宮和也
の写真

① 名前 二宮　和也
住んでいる所 ____________________
誕生日 ____________________
好きなもの ____________________

K：Hi, Mika. Where does Kazunari Ninomiya live?
M：He lives in Tokyo.
K：I see. I'll ask you again. Do you know **where he lives**?
M：Yes, I do. He lives in Tokyo.
K：Next, when was he born?
M：He was born on June 17 in 1983.
K：Ok. I'll ask you again. Do you know **when he was born**?
M：Yes, I do. He was born on June 17 in 1983.
K：Last, what does he like?
M：He likes playing video games.
K：I see. I'll ask you again. Do you know **what he likes**?
M：Yes, I do. He likes playing video games.

Step2 正しいものに○をつけよう！

(1) I know (what / when / where) Mao Asada lives. She lives in Aichi.
(2) I know (what / when / where) she was born. She was born on September 25 in 1990.
(3) I know (what / which / when) she likes. She likes "*Yakiniku.*"

Step3 Grammar Point

〈復習〉Where does she live?
◎ I know where she lives.
（意味：　　　　　　　　　　　　　　　　　　　　　　　　　）
★語順は，疑問詞＋（　　　　　　）＋（　　　　　　）
これを（間接________）と言う。

Class____ No.____ Name________________________

Step4 だれのことか当てよう！

〈Model Dialog〉

A ：I have a boy's / a girl's information.（情報）

B ：Please tell me when he / she was born.

A ：He / She was born on ___________ .

B ：Please tell me where he / she lives.

A ：He / She lives in ___________ .

B ：Please tell me what food he / she likes.

A ：He / She likes ___________ . Do you know who he / she is?

↓

【Yes の場合】

B ：Yes, I do. He / She is name.

A ：That's right.

【No の場合】

B ：I don't know who he / she is.

So, please tell me what he / she does after school.

A ：He / She belongs to ___________ .

B ：Please tell me what his / her hobby is.

A ：His / Her hobby is ___________ .

〈Rule〉

① じゃんけんで順番を決める。

② ３回まで間違えてよい。

③ ５～７回ペアを変える。

	当てた人数
３点（ヒント３つ）	
２点（ヒント４つ）	
１点（ヒント５つ）	

得点
点

☆０点…３回以上間違えた

Class____ No.____ Name________________________

【情報記入カード】

名前 ① 誕生日 ② 住んでいる所 ③ 好きな食べ物 ④ 部活 ⑤ 趣味	名前 ① 誕生日 ② 住んでいる所 ③ 好きな食べ物 ④ 部活 ⑤ 趣味	名前 ① 誕生日 ② 住んでいる所 ③ 好きな食べ物 ④ 部活 ⑤ 趣味
名前 ① 誕生日 ② 住んでいる所 ③ 好きな食べ物 ④ 部活 ⑤ 趣味	名前 ① 誕生日 ② 住んでいる所 ③ 好きな食べ物 ④ 部活 ⑤ 趣味	名前 ① 誕生日 ② 住んでいる所 ③ 好きな食べ物 ④ 部活 ⑤ 趣味
名前 ① 誕生日 ② 住んでいる所 ③ 好きな食べ物 ④ 部活 ⑤ 趣味	名前 ① 誕生日 ② 住んでいる所 ③ 好きな食べ物 ④ 部活 ⑤ 趣味	名前 ① 誕生日 ② 住んでいる所 ③ 好きな食べ物 ④ 部活 ⑤ 趣味

Task19 Lunch box or school lunch（Review）

間接疑問文②，接続詞（名詞節） お弁当？給食？

目 標 タスクを通して，ディスカッションのやり方を学ぶ。また，トピックについて，自分の意見をもち，発言できるようになる。

時 間 50分×2

準備物 ワークシート，Fun Essay シート，評価表１・２，タイマー

1．タスクの進め方

○Pre-task

1．教師は生徒に２人１組の Speaking test を行うことおよび Fun Essay の連絡をする。Speaking test については，当日までだれと当たるかはわからないことを伝える。また，Speaking test と Fun Essay の評価基準を伝える。

2．Step1として，教師は，３，４人のグループを作り，お弁当と給食の良い点，良くない点を日本語で話し合わせる。

3．Step2として，教師は，生徒各自にトピックに賛成か反対かを決めさせ，理由を英語で書かせる。その際，語群を紹介する。

○Task

1．Step3として，教師は，ALT（または生徒）と Model Dialog を導入する。

2．Communication Strategies を確認して，練習する。

3．Step4として，ペアを変えて５回練習する。実際のテスト時間同様，２分間計りながら Speaking test の練習をする。１回ごとにペアで会話が終わったら，内容について表に記入させる。３回目からは，Model Dialog を見ないで会話をさせる。

2．ワンポイント・アドバイス

・Fun Essay の1st draft は宿題として書かせておく。

・Speaking test を待っている間は，Fun Essay の清書を書かせる。

（Yoshi ゼミ）

Class____ No.____ Name______________________

Work Sheet

Lunch box or school lunch
お弁当？給食？

Step1 グループでお弁当と給食について話してみよう！（日本語）

	良い点	良くない点
給食		
お弁当		

Step2 理由を３つ英文で書いてみよう！

Topic：Junior high school students（we）should bring a lunch box instead of a school lunch.

for　　or　　against

Reasons：①______________________

②______________________

③______________________

〈語群〉

- 食中毒：名 a food poisoning
- デザート：名 a dissert
- 給食費を払う：動 pay for a school lunch
- 食事のマナー：名 table manners
- アレルギー：名 an allergy
- 負担がかかる：動 be a burden to 人
- 少なすぎる：形 too little
- 多すぎる：形 too much
- バランスがいい：形 well-balanced
- お金がかかる：動 It costs money.

Class____ No.____ Name________________________

Step3 Let's talk!

〈Model Dialog〉

A：Hello. How are you?

B：Hello. I'm good. Thank you. And you?

A：I'm fine. Thank you.

B：Do you agree that we should bring a lunch box instead of a school lunch?

A：Yes, I do. I'm for this idea. / No, I don't. I'm against this idea.

B：You are for (against) this idea.
Why do you think so?

A：I have three reasons. First, I don't like milk so I don't want to drink it every day.

B：Uh-huh. You don't like milk.

A：Second, I can eat my favorite food every day.

B：I see.

A：Third, a school lunch is too much for me. I leave some food every day.

B：Really? A school lunch is too much for you.

A：So, I think we should bring a lunch box instead of a school lunch.

B：I see what you mean.

A：How about you?
Do you agree that we should bring a lunch box instead of a school lunch?

B：Yes, I do. I'm for this idea. / No, I don't. I'm against this idea.

A：You are for (against) this idea.
Why do you think so?

B：I have three reasons.

・

・

・

A：Nice talking with you.

B：Nice talking with you, too.

〈Communication Strategies〉

- Uh-huh.
- I see (what you mean).
- Really?
- That's good.
- Sounds good.
- Let me see.
- Well ...
- Pardon (me)?
- Excuse me?
- Can you say that again?

Class____ No.____ Name______________________________

Step4 Model Dialog を参考にして，５人にインタビューをしよう！

Name	for or against	reason 1	reason 2	reason 3
①				
②				
③				
④				
⑤				

Class____ No.____ Name______________________

Fun Essay:

【1st draft】

① 意見	
② 1つ目の理由	First,
2つ目の理由	Second,
3つ目の理由	Third,
③ まとめ	

【清書】

Class____ No.____ Name__________________________

【評価表1：Evaluation Form（Speaking test）】

実施日：（　　　）月（　　　）日

(1) 流暢さ・内容

評価基準	得点
・2分間，スムーズに英語で話し続けることができた。 ・理由を3つ話せた。	7
・2分間，おおむねスムーズに英語で話し続けることができた。 ・理由を2つ話せた。	5
・2分間，時々沈黙があったが，最後まで話し続けることができた。 ・理由を1つ話せた。	3
・2分間，会話を続けることができなかった。 ・理由が1つも話せなかった。	1

(2) 正確さ

評価基準	得点
語彙の選択や文法，発音に間違いがなかった。	5
語彙の選択や文法，発音にいくつか間違いがあったが，言いたいことは理解できた。	3
語彙の選択や文法，発音に間違いが多くあり，言いたいことが理解できなかった。	1

(3) Communication Strategies

評価基準	得点
Shadowing（くり返し）やあいづち，はじめのあいさつ，終わりのあいさつなど，すべてのCommunication Strategiesを適切に使うことができた。	5
Shadowing（くり返し）やあいづち，はじめのあいさつ，終わりのあいさつなどのCommunication Strategiesを少し使うことができた。	3
Shadowing（くり返し）やあいづち，はじめのあいさつ，終わりのあいさつなどのCommunication Strategiesがほとんど使えなかった。	1

(4) 態度

評価基準	得点
・相手に十分聞こえるくらい大きくはっきりとした声で話すことができた。 ・アイコンタクトをしながら積極的に相手の話を聞くことができた。	3
・相手に一応聞こえるくらいの声で話すことができた。 ・アイコンタクトは時々できたが，会話に積極的ではなかった。	2
・相手に聞こえづらい声で話していた。 ・アイコンタクトもできず，会話に対して，消極的であった。	1

／20

Class____ No.____ Name______________________

【評価表２：Evaluation Form（Fun Essay)】

⑴ 文章の量

評価基準	得点
10文以上書かれている。	5
７文以上書かれている。	4
５文以上書かれている。	3
３文以上書かれている。	2
１文以上書かれている。	1

⑵ 文法・つづり

評価基準	得点
間違いがほぼない。作文中に１つ以内。	5
間違いが少しある。作文中に２～４つ。	3
間違いが多くある。作文中に５つ以上。	1

⑶ 内容

評価基準	得点
３つの理由が明確に理解できる。	5
３つの理由がおおよそ明確に理解できる。	4
いずれかの理由が不明確である。	3
理由がすべて不明確である。	1

／15

Task20 An animal we can see in Australia.

接触節① もっとくわしく説明しよう！

目標 名詞をくわしく説明することができるようになる。

時間 30分

準備物 ワークシート，絵カード，タイマー

1. タスクの進め方

○Pre-task

1. Step1として，接触節を含む英文が表しているものを絵とマッチングさせる。ペアで答えを確認させてから，全体で確認する。
2. Step2として，接触節を含む英語の日本語訳を考えさせることで，接触節の構造に着目させる。
3. Step3として，接触節の形式と意味を生徒に気づかせる。

○Task

1. Step4として，ビンゴを行う。
   (1) ビンゴの表のマスに①～⑫の中から８つ選んで番号を書き，ビンゴの表を完成させる。
   (2) Model Dialog を教師とボランティアの生徒とでやって見せる。１回目は絵カードを持っていなかった場合，２回目は絵カードを持っていた場合で行う。

   A：Do you have an animal we can see in Australia?　B：An animal we can see in Australia?
   A：Yes. B：【持っていた場合】Yes, I do. I have a koala.【持っていなかった場合】No, I don't. I have a soap.
   A：【持っていた場合】Great! Nice talking with you.【持っていなかった場合】All right. Thanks anyway.

   (3) 他の人に見せないように指示を出してから，絵カードを全員に１枚ずつ配る。
   (4) Communication Strategies を使いながらペアで会話をさせて，ビンゴをする。じゃんけんをして勝った人が最初に A の役になって会話をし，次に，負けた人が A の役になって会話をする。１人に３回までしか質問できないこと，尋ねた絵カードを相手が持っていたら，ビンゴのマスに持っていた人の名前を書くことを伝える。
2. 時間内にいくつビンゴすることができたか，全体でタスクの成果を確認する。
3. Step5として，例文を参考に，「私が一番訪れたい国は○○です。」「私が一番好きなテレビ番組は○○です。」という英文を書かせる。

2. ワンポイント・アドバイス

・次の時間に，Step5で各自が作った英文を基に会話をさせるとよい。

（福元有希美）

Class____ No.____ Name____________________

Work Sheet　An animal we can see in Australia.
もっとくわしく説明しよう！

Step1　次の①～⑥の英語が表すものをⒶ～Ⓕの絵の中から選ぼう！

① a thing teachers use at school (　　)　② an animal we can see in Australia (　　)
③ a thing we use when it is rainy (　　)　④ an old building we can see in Kyoto (　　)
⑤ a thing we use when we wash our hands (　　)　⑥ the country we live in (　　)

Ⓐ	Ⓑ	Ⓒ	Ⓓ	Ⓔ	Ⓕ

Step2　次の英語を日本語に直し，どのようなものがあるか例を１つ書こう！

	日本語訳	例
(1) a thing we get from friends on January 1		
(2) a thing we need when we send a letter		
(3) an animal we have borrowed from China		
(4) food we eat on our birthdays		
(5) food we eat on *Setsubun*		
(6) a thing we use when we eat		

Step3　Grammar Point

an animal　＋　I can see in Australia

意味：(　　　　　)＋(　　　　　　　　　　　　　　　　)

→ (　　　　　　　　　　　　　　　　　　　　　　)

ポイント 名詞の後ろの（　　　　　）は，名詞を（　　　　　）する。

Class____ No.____ Name________________________

Step4 Let's Bingo!

(1) ①～⑫の中から８つ選び，ビンゴの○に数字を書き入れて，ビンゴを完成させよう。

①先生が学校で使うもの	⑦私たちが誕生日に食べる食べ物
②私たちが雨の日に使うもの	⑧私たちが節分に食べる食べ物
③私たちが手を洗う時に使うもの	⑨私たちが食べる時に使うもの
④私たちが１月１日に友達からもらうもの	⑩私たちがオーストラリアで見ることができる動物
⑤私たちが手紙を送る時に必要とするもの	⑪私たちが京都で見ることができる古い建物
⑥私たちが中国から借りている動物	⑫私たちが住んでいる国

○ （　　　　　）さん	○ （　　　　　）さん	○ （　　　　　）さん
○ （　　　　　）さん	FREE	○ （　　　　　）さん
○ （　　　　　）さん	○ （　　　　　）さん	○ （　　　　　）さん

(2) Communication Strategies を使いながら，ビンゴのマスに書いた番号の絵カードを持っている人を探そう。持っている人を見つけたら，その人の名前をビンゴのマスの中に書こう。

〈Model Dialog〉

A：Do you have（①～⑫の英語）？
B：（①～⑫の英語）？
A：That's right. / Yeah. / Uh-huh.
← シャドーイングで確認する。

【持っていた場合】
B：Yes, I do. I have（絵カードの名前）.
A：Great! Nice talking with you.

【持っていなかった場合】
B：No, I don't.
A：All right. Thanks anyway.

Step5 例文を参考に，あなた自身のことを書こう！

Ex) The country I want to visit the most is Bhutan. / The TV program I like the best is Doraemon.

____

____

【絵カード】

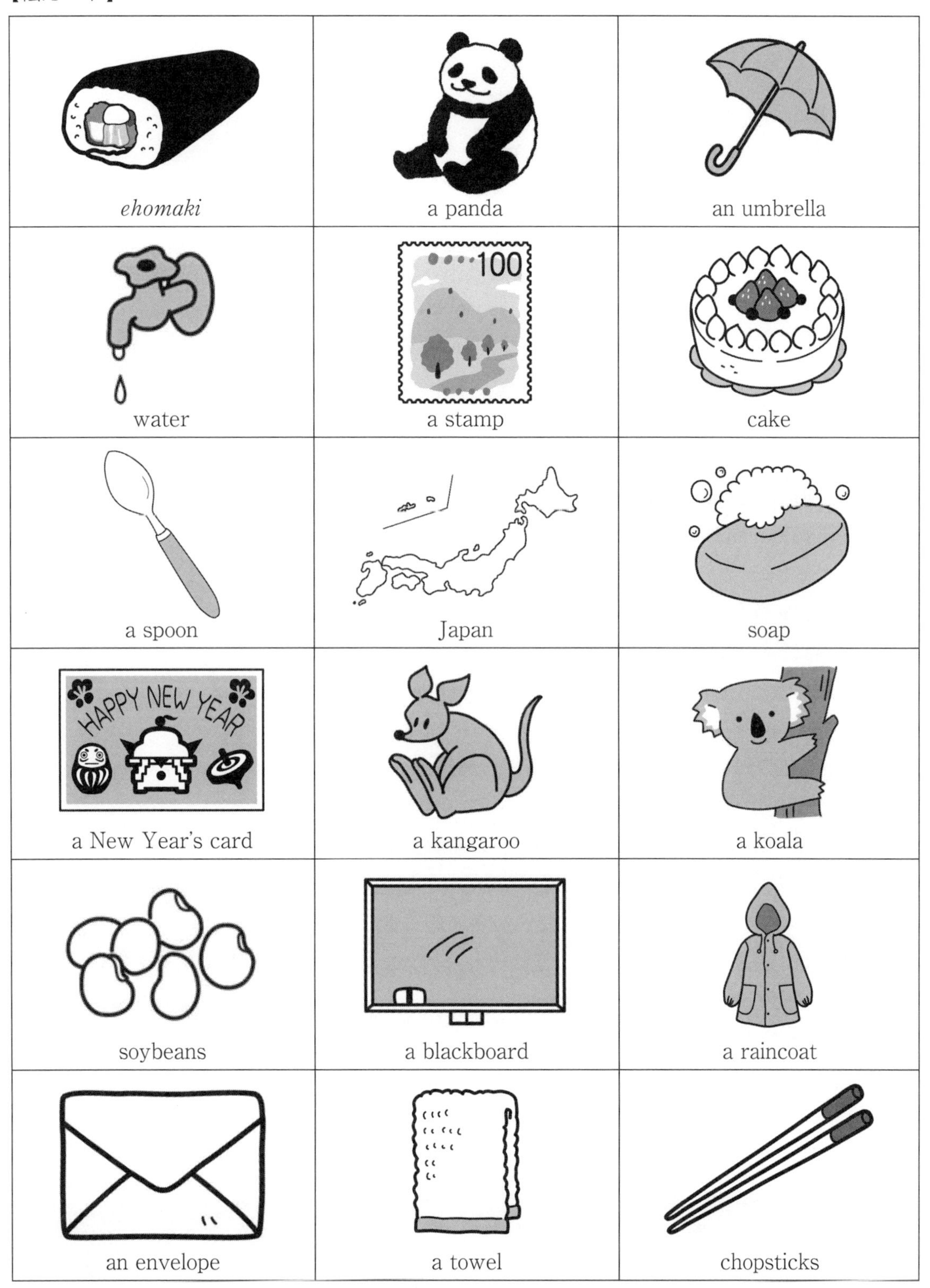
ehomaki
a panda
an umbrella
100
water
a stamp
cake
a spoon
Japan
soap
HAPPY NEW YEAR
a New Year's card
a kangaroo
a koala
soybeans
a blackboard
a raincoat
an envelope
a towel
chopsticks

Task21 Who is she?

関係代名詞 who　クイズ大会

目　標　タスクを通して，関係代名詞 who を理解し使えるようになる。

時　間　30分

準備物　ワークシート，10～12人の有名人の写真を貼ったカード

1. タスクの進め方

○Pre-task

1．Step1として，ペアで有名人についての who を使った文章を読ませ，クイズで関係代名詞 who を導入する。

（例）□ is an actress.
She appeared on TV at 9 p.m. on Monday from September to December.
So, □ is an actress who appeared on TV at 9 p.m. on Monday from September to December.
Who is she?
She is □.
※同様に残り３問行う。

2．Step2として，関係代名詞 who の形式と意味を生徒に気づかせる。

○Task

1．Step3として，教師は，有名人カードを配付し，生徒に受け取った有名人について who を使ったヒントを３文書かせる。
2．生徒は，友達６人と受け取った有名人についてクイズを出し合う。
3．１つ目のヒントで相手が正解したら３点，２つ目で２点，３つ目で１点をクイズの出題者が得る。ポイント獲得表に「正」を使って獲得ポイントを記入させる。
4．教師は，一番多く点をとった生徒の作った英文をクラスで紹介する。

2. ワンポイント・アドバイス

・有名人カードを他の生徒に見せないように注意する。
・必ず６人とクイズを出し合うよう，また６人以上とはクイズを出し合わないように注意する。
・英語が苦手な生徒でも英文が作れるようにサポートをする。

（Yoshi ゼミ）

Class____ No.____ Name____________________

Work Sheet

Who is she?
クイズ大会

Step1 Let's think!

①	②
□ is an actress. ＊女優 She appeared on TV at 9 p.m. on Monday from September to December. So, □ is the actress who appeared on TV at 9 p.m. on Monday from October to December. Who is she? She is ____.	□ is a rugby player. He is famous for the pose of the routine. So, □ is the rugby player who is famous for the pose of the routine. Who is he? He is ____.
③	④
□ is a singer. He married Kazue Fukiishi. So, □ is the singer who married Kazue Fukiishi. Who is he? He is ____.	□ is a singer. She is a captain of AKB48. So, □ is the singer who is the captain of AKB48. Who is she? She is ____.

Step2 Grammar Point

◎ Masaharu Fukuyama is a singer. ＋ He married Kazue Fukiishi.
（意味：　　　　　　　　　　　　　）（意味：　　　　　　　　　　　　　）
→ Masaharu Fukuyama is the singer who married Kazue Fukiishi.
（意味：　　　　　　　　　　　　　　　　　　　）
★ 'who' は（　　）文をつなぎ，（　　　）をくわしく説明している。
★この 'who' のことを（　　　）と言う。

Class____ No.____ Name________________________

Step3 クイズ大会！

〈Model Dialog〉（じゃんけんをする。）

A（Winner）：Hello. Who is he / she?

This is the man / woman ① who________. Who is he / she?

B（Loser）：He / She is ________. Right?

【正解の場合】

A：Yes, that's right!

B：Oh, really? So, next is my turn. Who is he / she?

This is the man / woman ① who________. Who is he / she?

A：He / She is ________. Right?

B：Yes, that's right!

【不正解の場合】

A：No ...

B：Oh, really? So, please give me the next hint.

A：OK. This is the man / woman ② / ③ who________. Who is he / she?

B：He / She is ________. Right?

〈Your hints〉

This is the man / woman ① who ________________________________.

② who ________________________________.

③ who ________________________________.

〈ポイント獲得表〉

① 3 points	①+② 2 points	①+②+③ 1 point

Points

Task22　This is an iPod.

関係代名詞 which（that）　広告を作ろう！

目　標　タスクを通して，主格の関係代名詞 which（that）が使えるようになる。

時　間　20分

準備物　ワークシート，商品カードと説明カード

1．タスクの進め方

○Pre-task

1．Step1として，４人の人物が食べたいもののリストと，Yoshi's Burger のメニューを見ながらどのセットが彼らの要望に合っているかを見つけさせる。

（例）Taro：I want to eat fries（M）and a fish burger.

Aセット	Bセット	……	Hセット
・fish burger	・bacon burger		・
・fries（M）	・fries（M）		・
・orange juice	・coke		・

→　He wants（　Aセット　）which has fish burger, fries（M）and orange juice.

2．Step2として，関係代名詞 which（that）の形式と意味を生徒に気づかせる。また，who との違いに気づかせる。

○Task

1．Step3として，４人グループを作る。商品カードとその商品を説明したカードの２種類を各グループに配付する。神経衰弱のように商品カードと説明カードを１枚ずつ引いてもらう。商品と説明のカードが一致したら，関係代名詞 which（that）を使ってその商品の説明文を言う。そして商品カードと説明カードを広告用紙に貼る。金額も自由に設定し，グループで１枚の広告を完成させる。

2．グループでじゃんけんをさせて勝った人から始めさせる。

3．どのグループが一番早く広告を完成させることができるか競う。

4．Step4として，このタスクで使った英文を書かせる。

2．ワンポイント・アドバイス

・英語使用を徹底させる。机間指導をこまめに行い，生徒のフォローに入る。

（Yoshi ゼミ）

Class____ No.____ Name______________________

Work Sheet

This is an iPod.
広告を作ろう！

Step1 Choose memu!

Yoshi's Burger

Aセット	Bセット	Cセット	Dセット
・fish burger ・fries（M） ・orange juice 550 yen	・bacon burger ・fries（M） ・coke 530 yen	・rice burger ・chocolate pie ・coffee 470 yen	・cheese burger ・fries（M） ・orange juice 540 yen

Eセット	Fセット	Gセット	Hセット
・teriyaki burger ・fries（M） ・apple juice 540 yen	・cheese burger ・fries（L） ・coke 570 yen	・bacon burger ・chocolate pie ・coffee 480 yen	・teriyaki burger ・fries（M） ・tea 550 yen

Taro

I want to eat fries（M）and fish burger.

I want to drink tea.

Jun

Hanako

I want to eat bacon burger and chocolate pie.

I want to eat cheese burger and fries（M）.

Kana

＊（　　）に当てはまるセットを書こう！

Taro wants to choose（　　　　）that has fish burger, fries（M）and orange juice.
Jun wants to choose（　　　　）that has teriyaki burger, fries（M）and tea.
Hanako wants to choose（　　　　）that has bacon burger, chocolate pie and coffee.
Kana wants to choose（　　　　）that has cheese burger, fries（M）and orange juice.

Class____ No.____ Name________________________

Step2 Grammar Point

〈前回の復習〉

Becky is the student.　She comes from Canada.

↓

Becky is the student [who] comes from Canada.

（意味：　　　　　　　　　　　　　　　　　　　　　　　　　）

This is Aセット .

It has fish burger, fries（M）and orange juice.

→ This is Aセット [that] has fish burger, fries（M）and orange juice.

（意味：　　　　　　　　　　　　　　　　　　　　　　　　　）

★ that 以降の文はAセットを（　　　　　）している。

★ who と同じ使い方。But ...

★ that を使う時は先行詞が（　　　　　）の時。

＊ that は which でも OK。同じ役目を果たしている。

Step4 Let's write!

例にならって，このタスクで使った英文を書こう。

Ex）This is an iPod which can save many songs.

(1) ____

(2) ____

(3) ____

(4) ____

(5) ____

Class____ No.____ Name________________________

Step3 広告を完成させよう！

____ yen

____ yen

____ yen

____ yen

____ yen

____ yen

____ yen

____ yen

____ yen

____ yen

【商品カードと説明カード】

	This is a vacuum cleaner. It can suck up the trash. (suck up：吸い取る)
	This is an iPod. It can save many songs.
	This is an electric fan. It can feed wind. (feed：～を送る)
	This is an electronic dictionary. It has many kinds of dictionaries.
	This is a hair iron. It can make hair straight.

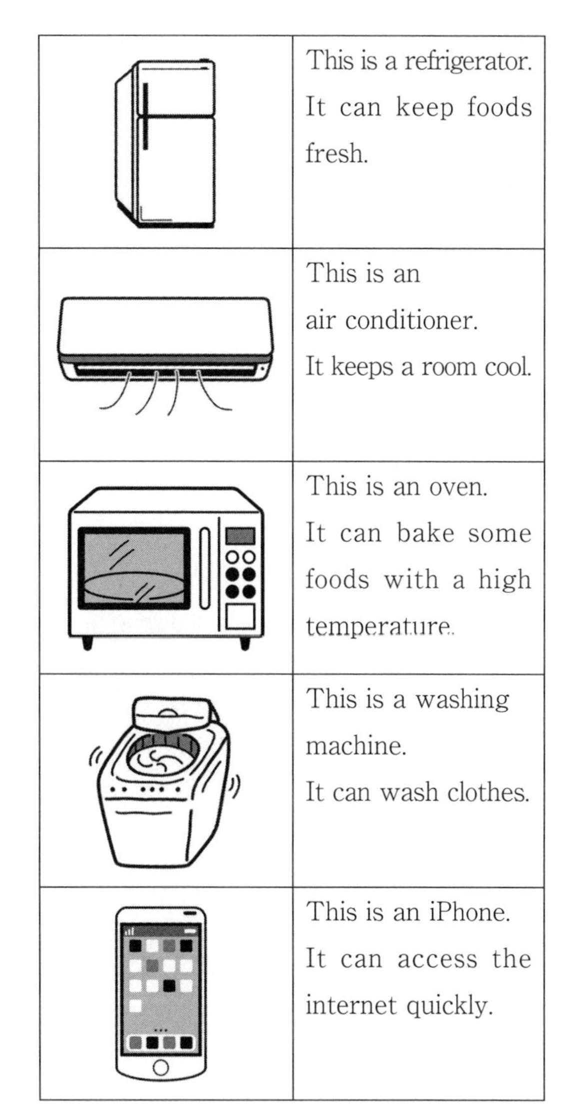

	This is a refrigerator. It can keep foods fresh.
	This is an air conditioner. It keeps a room cool.
	This is an oven. It can bake some foods with a high temperature.
	This is a washing machine. It can wash clothes.
	This is an iPhone. It can access the internet quickly.

Task23　Who do you admire?（Review）

関係代名詞（who，which），接触節②　尊敬する人はだれ？

目標　タスクを通して，Speaking test で３分間ペアで会話をすることができる。
Fun Essay でイラストを用いながら11文以上で表現することができる。

時間　50分×２

準備物　ワークシート，Memo，Fun Essay シート，評価表１・２，タイマー

1．タスクの進め方

○Pre-task

1．教師は生徒に２人１組の Speaking test を行うことおよび Fun Essay の連絡をする。
Speaking test については，当日までだれと当たるかはわからないことを伝える。
また，Speaking test と Fun Essay の評価基準を伝える。

2．Step1として，Tom's essay を読ませ，３つの質問に答えさせる。ペアで答えを確認させる。

3．Step2として，自分が尊敬する人について，３つの質問に答えさせる。Follow-up question を考えさせる。

○Task

1．Step3として，教師は ALT（または生徒）と Model Dialog を紹介する。

2．Communication Strategies を確認して，練習する。

3．Step4として，ペアを変えて６回練習する。実際のテスト時間同様，３分間計りながら Speaking test の練習をする。１回ごとにペアで会話が終わったら，内容について表に記入させる。３回目からは，Model Dialog を見ないで会話をさせる。

2．ワンポイント・アドバイス

・Speaking test を待っている間は，Fun Essay の清書を書かせる。

（Yoshi ゼミ）

Class____ No.____ Name________________________

Work Sheet

Who do you admire?
尊敬する人はだれ？

Step1 Tom の essay を読んで，３つの質問に答えよう！

〈Tom's essay〉

The person I admire is Hayao Miyazaki. He is a film director. I have two reasons to admire him.

First, Hayao Miyazaki is a film director who made a lot of famous movies. For example, Totoro is one of the most famous movies. Everyone knows it!

Second, Hayao Miyazaki is a film director who had an impact on many people. Last Friday, my mother watched Castle of the Sky（天空の城ラピュタ）. Then, she started crying! That is the movie which can move many people. How surprising!

For these reasons, the person I admire is Hayao Miyazki.

(1) Who does Tom admire?

____

(2) What does the person do?

____

(3) Why does Tom admire him?

First, ____

Second, ____

Step2 尊敬する人について，次の質問に答えよう！

(1) Who do you admire?

____

(2) What does he / she do? Or what did he / she do?

____

Class____ No.____ Name________________________

(3) Why do you admire him / her? Write two reasons.

First,

____

Second,

____

(4) Follow-up question 自分だったら他にどんな質問をするのか１つ考えよう！

____

Step3 Let's talk!

〈Model Dialog〉

Hello. How are you? I'm (good / so-so / not so good).

A：So, who do you admire?

B：The person I admire is Hayao Miyazaki.

A：Oh, Hayao Miyazaki! Sounds nice!

What does he / she do? / What did he / she do?

B：He / She is a film director.

A：Film director! That's great! I didn't know that!

Why do you admire him / her?

B：That's a good question. I have two reasons.

A：What's the first reason?

B：First, he / she is a great film director who made a lot of famous movies.

A：I see. That's really nice. I think so, too. What's the second one?

B：Second, he / she made a lot of movies which had an impact on many people.

A：Great. I agree with you. / I see what you mean.

So, Follow-up question

B：Let me see. That's a really good question. ____________ .

A：Oh, really. Thank you.

＊ Change your role.

A：Nice talking with you.

B：You, too.

Class____ No.____ Name________________________

【Memo】

Name Who Why F.Q.	Name Who Why F.Q.
Name Who Why F.Q.	Name Who Why F.Q.
Name Who Why F.Q.	Name Who Why F.Q.

Class____ No.____ Name____________________

Fun Essay:

Class____ No.____ Name____________________

【評価表１：Speaking test】

Categories （項目）	Criteria （評価基準）	Points （得点）
流暢さ	３分間，スムーズに会話でき，Follow-up question を含め，Communication Strategies もたくさん使えた。	7
	・３分間，途切れながらも，会話を続けられ，時折 Communication Strategies を使えた。 ・Follow-up question は使えなかった。	5
	・３分間，会話を続けられなかったが，少し Communication Strategies を使えた。 ・Follow-up question は使えなかった。	3
7点	３分間，会話を続けられなかった。	1
表現	文法項目を正しく使えた。	3
	誤りがあったが，内容を理解することができた。	2
3点	正しく使えていなかった。	1
態度	声が十分に大きくはっきり聞き取れ，アイコンタクトを積極的に行っていた。	5
	声の大きさ，アイコンタクトのどちらかが不十分だった。	3
5点	声の大きさ，アイコンタクトどちらも不十分だった。	1

／15

Class____ No.____ Name____________________

【評価表２：Fun Essay】

Categories (項目)	Criteria (評価基準)	Points (得点)
関心・意欲・態度	尊敬する人についてよくわかるよう，工夫したFun Essayを作ることができた。	7
	絵や写真，色ペンなどを用いてFun Essayを作ることができた。	5
	あまりよいFun Essayを作ることができなかった。	3
7点	Fun Essayを作っていない。	0
表現	文法がすべて正しく使えている。	3
	文法がおおよそ正しく使えている。	2
3点	文法がほとんど正しく使えていない。	1
関心・意欲・態度	11文以上書けている。	5
	9，10文書けている。	4
	7，８文書けている。	3
	5，６文書けている。	2
5点	4文以下しか書けていない。	1

／15

【編著者紹介】

佐藤　一嘉（さとう　かずよし）

オーストラリア，クイーンズランド大学にて，MA および Ph. D.（応用言語学）を取得。名古屋外国語大学英語教育学科教授。同大学院 TESOL（英語教授法）コース主任。専門分野は，第２言語習得研究，外国語教授法，教師教育。

著書は，『授業をグーンと楽しくする英語教材シリーズ　ワーク＆評価表ですぐに使える！英語授業を変えるパフォーマンス・テスト』（全４巻，編著，明治図書，2014），『授業をグーンと楽しくする英語教材シリーズ　フォーカス・オン・フォームでできる！　新しい英文法指導アイデアワーク』（全４巻，編著，明治図書，2012），“Communities of Supportive Professionals”（共編著，TESOL，2005）など。

論文は，“Communicative language teaching（CLT）: Practical understandings”（共著，Modern Language Journal，1999）など多数。

「アクション・リサーチから学ぶ英語教授法」（ジャパンライム社）の授業ビデオシリーズ監修。

【執筆者紹介】

大須賀博美　愛知県公立中学校教諭
名古屋外国語大学大学院，TESOLコース（修士）修了

福元有希美　愛知県公立中学校教諭
アメリカ，ミネソタ大学大学院，TESLコース（修士）修了

Yoshi ゼミ　名古屋外国語大学佐藤一嘉英語教育研究ゼミナールの学生。卒業生の多くは英語教師として活躍している。

〔本文イラスト〕　木村美穂

授業をグーンと楽しくする英語教材シリーズ㊹
フォーカス・オン・フォームを取り入れた
英文法指導ワーク＆パフォーマンス・テスト　中学３年

2019年12月初版第１刷刊　©編著者　佐　藤　一　嘉
2021年８月初版第２刷刊　発行者　藤　原　光　政
発行所　明治図書出版株式会社
http://www.meijitosho.co.jp
（企画）木山麻衣子（校正）有海有理
〒114-0023　東京都北区滝野川7-46-1
振替00160-5-151318　電話03(5907)6702
ご注文窓口　電話03(5907)6668

＊検印省略　組版所　藤　原　印　刷　株　式　会　社

Printed in Japan　ISBN978-4-18-239149-1